YONSEI KOREAN IN 3 WEEKS

3주완성 연세 한국어

6

연세대학교 한국어학당 편

연세대학교 출판문화원

3주완성 연세 한국어 6

편저자 연세대학교 한국어학당 교재편찬위원회
집필진 김제열·유연숙·전지인·안윤정·신느티
펴낸곳 연세대학교 출판문화원

주소 서울시 서대문구 연세로 50 **등록** 1955년 10월 13일 제9-60호
전화 02) 2123-3380~2 **팩스** 02) 2123-8673
전자우편 ysup@yonsei.ac.kr **웹사이트** http://press.yonsei.ac.kr

디자인 / 일러스트레이션 PAGE M
녹음 MS미디어 **성우** 김상백, 김태현 **인쇄** (주)화신문화

2013년 6월 28일 1판 1쇄 2024년 3월 25일 1판 7쇄
ISBN 978-89-6850-042-8(08710)
978-89-6850-036-7(세트)

값 22,000원 (CD포함)

머리말

50년 이상을 한국어 교육에 매진해 온 연세대학교 한국어학당은 국내 최고의 역사와 명성에 걸맞게 그동안 다양한 한국어 교재 편찬과 관련 연구를 해 옴으로써 한국어 교육을 선도해 왔다.

특히 최근에는 주춤했던 한류가 아시아 지역을 벗어나 미주, 유럽에 이르기까지 전 세계로 확산되면서 한국과 한국 문화가 세계로 전파되고 이에 따라 한국어에 대한 관심과 수요도 늘어나고 있다. 예전에 해외 동포나 일부 외국인을 중심으로 이루어져 왔던 한국어 교육이 이제는 다양한 목적과 요구를 지닌 학습자들을 대상으로 확대 추세에 있으며 이와 함께 교재에 대한 수요도 다양해지고 있다.

연세대학교 한국어학당은 그동안 일반 목적의 한국어 학습자뿐만 아니라 직업 목적의 학습자, 학문 목적의 학습자, 해외 동포 자녀 등 다양한 대상의 목적과 수요에 맞춘 교재를 지속적으로 개발, 출간해 왔다. 이번에 출판하는 '3주완성 연세 한국어 6'은 60시간용 교재로 단기간에 한국어를 배우려는 학습자를 대상으로 만든 교재이다. 따라서 외국인들이 흥미를 가지고 있는 주제를 중심으로 필수적인 어휘와 문법, 문화와 사고방식을 소개함으로써 한국어와 한국에 대한 이해를 넓히고자 하였다. 특히 이 교재는 어휘력과 문법 이해력 및 말하기, 듣기, 쓰기, 읽기 영역을 균형 있게 향상시킬 수 있도록 다양한 과제를 포함시킴으로써 학습 효과를 높이고자 하였다.

언어 교육은 목표어를 통한 의사소통 능력의 향상과 함께 목표 언어의 사회와 문화를 이해시키는 데 그 목적이 있다. 이 교재는 짧은 기간에 한국어를 배우고 한국 문화를 알고자 하는 학습자들에게 많은 도움이 될 것으로 확신하며 한국어 교재 발전에도 큰 몫을 담당하리라고 본다.

'3주완성 연세 한국어 6'이 연세대학교 언어연구교육원 한국어학당에서 학습하는 학습자들뿐만 아니라 국내, 국외에서 단기간에 한국어와 한국문화를 배우고자 하는 모든 학습자들에게 크게 도움이 되기를 바라며 연세대학교 언어연구교육원 한국어학당 교재편찬위원회는 앞으로도 학습자들의 요구와 기대에 부응하는 교재 개발을 위해 최선을 다할 것이다.

연세대학교 언어연구교육원
한국어학당 교재편찬위원회

일러두기

- '3주완성 연세 한국어 6'은 단기간에 한국어를 배우려는 외국인 및 교포 학습자를 위한 중급 단계의 책으로 중급 단계에서 꼭 알아야 할 주제를 중심으로 썼으며 이와 함께 필수적인 어휘와 문법, 문화와 사고방식을 소개함으로써 한국에 대한 이해를 넓히고자 하였다.

- '3주완성 연세 한국어 6'은 총 15개의 과로 구성되어 있는데 중급 단계에서 꼭 알아야 할 어휘, 표현, 문법 및 과제를 바탕으로 일상생활에 필수적인 대화를 학습할 수 있도록 구성되어 있다.

- '3주완성 연세 한국어 6'은 5명의 주요 인물들이 등장하며 이들 등장인물들의 일상생활을 중심으로 본문의 대화 내용을 구성하였다.

- 본 교재는 단원명, 학습 목표, 삽화와 도입 질문, 대화, 어휘, 문법, 과제, 발음, 문화로 구성되어 있다.

- 각 단원의 **제목**은 본문 대화 내용 중의 주요 문장으로 제시하였다.

- 각 단원의 **학습 목표**는 해당 단원에서 학습해야 할 의사소통 기능과 과제를 중심으로 제시하여 학습자들의 학습 동기를 유발하고 단원에 대한 이해를 촉진시키는 데 도움이 되도록 했다.

- **본문 대화**는 각 과의 주제와 관련된 가장 전형적이고 대표적인 대화 상황을 설정하고자 노력하였으며 6~10개의 문장, 3쌍의 대화로 구성하였다. 대화 앞에는 주제와 관련된 삽화와 질문을 넣어 학습자들이 대화 내용을 흥미 있게 접할 수 있도록 유도하였다.

- **어휘**는 각 단원의 주제별로 꼭 알아야 할 어휘를 선정하여 제시하였으며 관련 삽화 혹은 설명과 함께 제시하여 의미를 이해하기 쉽게 하였다. '3주완성 연세 한국어 6'에서 제시한 단어는 334개이다.

- **문법**은 각 단원의 대화에 제시된 주요한 문법이나 문형의 의미와 용법을 한국어로 설명하고 예문을 제시하였다. 문법 제시 이후에는 연습 문제를 덧붙여 공부한 내용을 학습자가 점검해 보도록 하였다.

- **과제**는 학습 목표에서 제시한 의사소통 기능에 부합되는 것으로 각 단원마다 3개씩 제시하였다. 과제는 말하기, 듣기, 읽기, 쓰기의 네 기능을 적절히 수행하도록 제시하였으며 중급 과정에서 요구되는 말하기와 듣기의 비중을 높게 구성하였다.

- **읽어 봅시다**를 따로 제시하여 정확한 발음 규칙을 알고 연습할 수 있도록 했다.

- **문화**는 단원의 주제와 관련하여 한국어를 이해하는 데 도움이 되는 경우에 문화 내용 설명, 사진, 그림 등을 통해 제시하였다.

- **부록**으로 **문법 활용연습**, **듣기 지문**, **모범 답안**과 **색인**을 두어 학습자가 해당 단원의 내용을 확인할 수 있도록 하였고 아울러 목표 문법을 자습할 수 있도록 하였다.

- **모범 답안**은 어휘와 문법 연습의 **모범 답안**을 제시하였으며 필요한 경우 과제의 **모범 답안**도 예시했다.

- **어휘**와 **문법 색인**에서는 각 단원에서 다루어진 본문의 새 어휘, 주제와 관련된 어휘와 주요 문법을 각각 가나다순으로 정리하여 출현한 단원의 정보와 함께 제시하였다.

내용 구성

과	제목	과제	어휘	문법
1	전망은 이 방만 못하지만 밝고 깨끗해요	• 살고 있는 집에 대해서 말하기 • 살고 싶은 집에 대해서 듣고 말하기 • 메일 읽고 답장 쓰기	주거 형태 관련 어휘	-거든 만 못하다
2	여름도 되고 해서 머리 모양을 바꾸고 싶은데요	• 생활 편의 시설에서 말하기 • 생활 편의 시설 대화와 이야기를 듣고 말하기 • 생활 편의 시설을 소개하는 글과 문의하는 글 읽고 쓰기	생활 편의 시설 관련 어휘	-고 해서 -게
3	음식이 싸고 맛있대	• 맛집 정보를 보고 말하기 • 맛집 소개를 듣고 말하기 • 맛집을 추천하는 글을 읽고 쓰기	추천 관련 어휘	간접화법의 축약형 -기는요
4	소리가 잘 안 들려요	• 기계 이상에 대해서 말하기 • 기계 사용할 때 주의할 점 듣고 말하기 • 기계 사용 설명서 읽고 쓰기	수리 관련 어휘	피동 -고요
5	요즘은 현금을 내는 대신에 교통 카드를 많이 써	• 교통수단 이용 시 도움이 되는 것에 대해서 말하기 • 편리한 교통 시스템에 관한 대화 듣고 말하기 • 교통 정보 앱에 관한 글 읽고 쓰기	교통 카드 관련 어휘	-는 대신에 -을 뿐만 아니라
6	개봉하자마자 관객 수가 20만 명을 넘었대	• 영화 포스터 보면서 말하기 • 영화 보는 방법 듣고 말하기 • 영화 소개 읽고 쓰기	영화 관련 어휘	-자마자 -느라고
7	배우들의 연기가 정말 훌륭하던데요	• 공연 감상 쓰고 말하기 • 공연 정보 듣고 말하기 • 공연 안내 읽고 말하기	감상 관련 어휘	-던데요 -는다면서요?

과	제목	과제	어휘	문법
8	밥도 먹이고 같이 놀아 주기도 해요	• 할 수 있는 봉사 활동에 대해서 말하기 • 봉사 활동에 대한 대화 듣고 쓰기 • 봉사 활동 모집 광고문 읽고 말하기	봉사 활동 시설 관련 어휘	사동 -을까 봐
9	오래 기다리게 해서 미안해요	• 사과하는 표현으로 말하기 • 실수 경험 듣고 말하기 • 사과 표현에 대한 글 읽고 쓰기	사과 관련 어휘	-게 하다 -는다는 것이
10	내가 사다가 줄까요?	• 쓰레기 분리 배출 방법에 대해서 말하기 • 환경 보호 노력에 대한 대화 듣고 말하기 • 환경 보호 관련 글 읽고 쓰기	쓰레기 처리 관련 어휘	-어다가 -도록 하다
11	벼룩시장에 쓸 만한 게 많을 거야	• 벼룩시장의 광고를 읽고 쓰기 • 벼룩시장에서 물건 사고팔기 • 중고 물건 처리에 대한 이야기 듣고 말하기	물품 처리 관련 어휘	-는단 말이에요? -을 만하다
12	비자를 연장하려고 예약해 놓았거든요	• 곤란한 부탁에 대해 말하고 쓰기 • 부탁과 거절의 대화 듣고 말하기 • 거절을 하는 방법에 대한 글 읽고 말하기	부탁과 거절 관련 어휘	-는 모양이다 -어 놓다
13	마음만 있다면 뭐든지 다 할 수 있는 세상이지요	• 편리해진 생활에 대해서 말하고 쓰기 • 첨단 제품 전시회 안내 듣고 말하기 • 미래 생활에 대한 글 읽고 말하기	첨단 생활 관련 어휘	-는다면 -는답니다
14	놀이공원이라든가 노래방 같은 곳에 가서 소리를 질러 봐	• 스트레스 원인과 해소 방법에 대해 말하기 • 현대인의 스트레스에 대한 인터뷰 듣고 쓰기 • 스트레스에 대한 설문 조사 글과 자가 진단 테스트 읽고 말하기	스트레스 관련 어휘	-더라 이라든가
15	그동안 잘 챙겨 주셔서 감사합니다	• 고마운 사람에 대해서 말하기 • 감사 사연을 듣고 쓰기 • 보답에 대한 글 읽고 말하기	감사 관련 어휘	-으려던 참이다 -을 텐데

차례

주요 인물

유리
일본 사람
대학생

샤오밍
중국 사람
회사원

영주
한국 사람
대학생

마이클
미국 사람
대학원생

슈테판
독일 사람
회사원

제 1 과

전망은 이 방만 못하지만 밝고 깨끗해요

- **학습 목표** 집 구하기에 필요한 정보를 이해하고 표현할 수 있다.
- **어휘** 부담, 월세 / 주거 형태 관련 어휘
- **문법** -거든, 만 못하다
- **과제** 살고 있는 집에 대해서 말하기
살고 싶은 집에 대해서 듣고 말하기
메일 읽고 답장 쓰기

1. 무슨 광고입니까?
2. 위와 같은 광고에서 무엇을 알 수 있습니까?

CD 01-1,2

유리 방이 넓고 깨끗하네요.

집주인 네, 수리한 지 얼마 안 됐어요.

유리 그런데 보증금이 좀 비싼 것 같아요.

집주인 보증금이 부담 되거든 아래층 방으로 하세요.
월세는 같지만 보증금이 더 싸요.

유리 그 방은 어떤데요?

집주인 전망은 이 방만 못하지만 밝고 깨끗해요.

부담

월세

어휘

원룸

고시원

하숙집

기숙사

아파트

단독주택

빈칸에 알맞은 말을 쓰십시오.

	특 징	주거 형태
보기	보통 특별한 시험을 준비하는 학생들이 산다. 값이 싸다. 방이 작다.	고시원
1)	보통 주인이 식사를 준비해 준다. 식당이나 화장실을 여러 사람이 같이 사용한다.	
2)	한 방에 침실, 거실, 부엌, 식당이 모두 있다. 방에 모든 것이 있어서 편리하다.	
3)	보통 학교 안에 있다. 학생들이 같이 산다. 값이 싸다.	
4)	오 층 이상의 건물이다. 각 층에 여러 집들이 산다. 편리하다.	
5)	한 채씩 따로 있는 집이다. 보통 한 가족씩 살아서 자유롭고 조용한 편이다.	

문법

1 -거든

동사나 형용사의 어간 뒤에 붙여서 뒤 문장의 행동을 하는 조건으로 앞 문장의 행위나 상태를 제시할 때 사용한다. 뒤 문장에는 주로 지시나 권유, 부탁, 약속을 나타내는 '-으십시오', '-읍시다' 등이 온다.

- 가 : 오늘 일찍 돌아올 거예요.
  나 : 일찍 오거든 청소 좀 해 놓아라.
- 가 : 저 구두가 아주 예쁜데 값이 좀 비싸네요.
  나 : 그렇게 마음에 들거든 사세요.
- 가 : 다리가 아파서 좀 쉬어야겠어요.
  나 : 너무 아프거든 저 나무 밑에서 좀 쉽시다.
- 가 : 정말이에요? 못 믿겠어요.
  나 : 못 믿겠거든 직접 가서 확인해 보세요.

다음은 사오리 씨의 고민입니다. 표를 채우고 대화를 해 보십시오.

	고민	해 주고 싶은 말
보기	밤에 잠이 안 온다.	가벼운 운동을 하고 따뜻한 우유를 마셔 보세요.
1)	옆방 사람이 밤에도 시끄럽다.	
2)	하숙집 음식이 너무 맵다.	
3)	생활비가 많이 든다.	
4)	한국 친구를 사귀고 싶다.	
5)	옆 교실에 마음에 드는 남학생이 있다.	

보기

사오리 : 밤에 자려고 누워도 잠이 안 오는데 어떻게 하죠?

나 : 잠이 안 오거든 가벼운 운동을 하고 따뜻한 우유를 마셔 보세요. 잠이 잘 올 거예요.

2 만 못하다

명사 뒤에 붙여서 두 대상을 비교할 때 앞의 것이 뒤의 것보다 수준이나 정도가 좋지 않음을 나타낸다.

- 영화가 책만 못해요.
- 식당 음식이 집에서 만든 음식만 못해요.
- 기말시험 점수가 중간시험 점수만 못해요.
- 인터넷으로 사는 것이 직접 보고 고르는 것만 못해요.

다음 그림을 보고 [보기]와 같이 대화를 완성하십시오.

보기

'가나' 휴대전화

'다라' 휴대전화

영주: '가나' 휴대전화가 '다라' 휴대전화보다 예쁘지요?

슈테판: 네, '다라' 휴대전화가 '가나' 휴대전화만 못해요.

1)

호텔

내 방

영주: 출장 가시면 호텔에서 쉬시니까 편하시지요?

슈테판: 호텔도 좋지만 역시 ________만 못해요.

2)

듣기시험

쓰기시험

영주: 슈테판 씨는 듣기 시험 어땠어요?
쓰기 시험보다 잘 봤어요?

슈테판: ____________________만 못해요.

3)

태평 점수

범수 점수

영주: 태평 씨가 범수 씨보다 노래를 잘 해요?

슈테판: ____________________.

4)

고시원

원룸

영주: 고시원이 살기가 어때요?

슈테판: ____________________.

5)

DVD

극장

영주: 집에서 DVD 보는 것과 극장에서 영화 보는
것 중에서 어느 것이 더 좋아요?

슈테판: ____________________.

과제 1 말하기

01 여러분은 지금 어떤 집에 살고 있습니까? 다음 표에 간단히 쓰고 이야기해 봅시다.

종류	하숙집		장점	아침, 저녁 식사가 있다. 하숙집 주인이 친절하다. 음식이 맛있다. 여러 나라 학생이 많다.	
크기	2인실				
월세	30만 원		단점	방이 좀 어둡다. 둘이 살기 때문에 불편할 때가 있다.	
시설	TV, 침대, 책상, 에어컨				
거리	학교까지 걸어서 30분				

보기

저는 하숙집에 살고 있습니다. 하숙방은 2인실이어서 친구와 같이 씁니다. 방에는 TV, 침대, 책상, 에어컨 등 꼭 필요한 것은 모두 있습니다. 학교까지 걸어서 30분쯤 걸리는 곳에 있어서 좀 멉니다. 하숙집 아주머니께서 아주 친절하시고 음식도 맛있습니다. 방이 조금 어둡고 두 명이 사는 것은 불편하지만 여러 나라 친구들을 사귈 수 있어서 이 하숙집에서 계속 살고 싶습니다.

과제 2 듣고 말하기

듣고 질문에 답하십시오.

01 이 학생이 말하고 있는 집을 고르십시오.

CD 01-3~6

1)

❶ 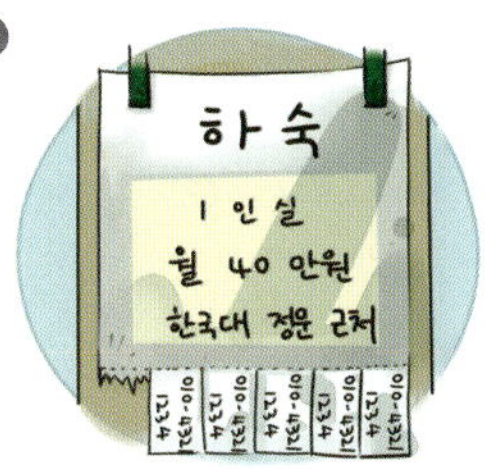

❷ 

❸ 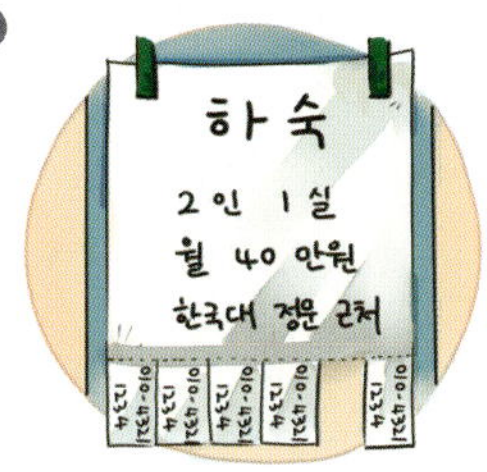

2)

❶

❷

❸

3)

❶

❷

❸

4)

❶

❷

❸

02 여러분이 살고 싶은 집은 어떤 집입니까? 이야기해 봅시다.

자유롭다
외롭다
침실
거실

보기

아파트에서 살아 보고 싶습니다. 지금은 하숙집에 살고 있는데 조금 시끄럽습니다. 아파트에 살면 조용하고 자유롭게 지낼 수 있을 것 같습니다. 자고 싶을 때 자고 먹고 싶을 때 먹고 정말 좋을 것 같습니다. 혼자 살면 외로우니까 친한 친구와 같이 살고 싶습니다. 침실은 두 개, 거실이 넓었으면 좋겠습니다. 넓은 거실에서 TV도 보고 친구랑 차를 마시면서 이야기하고 싶습니다.

과제 3 읽고 쓰기

01 다음 메일을 읽고 질문에 답하십시오.

보내는 메일

제목	보고 싶은 유리에게
보낸 사람 :	이영주
받는 사람 :	유리

사진 동영상 파일 음악 지도 책 영화 | 그림 수식 투표 일정 글장식 | 글양식

글꼴 9pt 요약 가나 URL

(가) 유리에게

안녕!

네 메일 받고 반가웠어. 다음 달에 여기로 유학을 온다고 했지? 내가 작년에 교환학생으로 일본에 갔을 때 많이 도와줘서 정말 고마웠어. 이번에 내가 너를 도와줄 수 있게 되어서 얼마나 기쁜지 몰라.

(나) 네가 부탁한 대로 하숙집을 알아봤어. 하숙집을 찾을 때는 부동산 소개소에서 소개를 받거나 학교 게시판이나 인터넷 사이트에서 정보를 얻을 수 있어. 또 하숙집 앞에 광고가 붙어 있기도 하니까 직접 가 보는 것도 좋아.

(다) 하숙비는 교통이 편리한지, 몇 인실인지, 에어컨이 있는지에 따라 달라진다고 해. 학교에서 가깝거나 지하철역에서 가까우면 40만 원 이상 주어야 하고 2인실은 30만 원-40만 원, 1인실에 냉방 시설이 있으면 50만 원은 주어야 한다고 해.

(라) 하숙집은 많은 하숙생들이 같이 살기 때문에 밤에 시끄러울 때도 있고 좀 불편할 때도 있다고 해. 그렇지만 한국 가정의 보통 식사를 맛볼 수 있는 데다가 하숙생끼리 친해지면 더욱 즐거운 유학 생활을 할 수 있으니까 하숙 생활을 꼭 해 봐.

(마) 내가 알아본 정보는 이 정도야. 네가 어떤 방을 원하는지 알려 줘. 내가 좋은 집을 찾아볼게. 네가 한국에 와서 지낼 것을 생각하니 지금부터 기대가 돼. 네가 좋아하는 한국 가수의 콘서트에도 가고 맛있는 한국 음식도 많이 먹자. 한국에 올 때까지 몸 건강하게 잘 지내.

서울에서 영주가

1) 영주는 유리에게 왜 메일을 썼습니까?

2) 각 단락은 무엇에 대한 이야기입니까? 다음과 같이 연결하십시오.

(가) •	-----------	• 하숙비
(나) •		• 첫인사
(다) •		• 하숙집의 장단점
(라) •		• 하숙집 찾는 방법
(마) •		• 끝인사

3) 두 사람에 대한 설명으로 맞는 것을 고르십시오. ( )

❶ 영주는 일본 여행 때 유리의 도움을 받았다.

❷ 영주는 유리의 한국 유학을 기대하고 있다.

❸ 유리는 학교 기숙사에서 살기로 했다.

❹ 유리는 한국에서 혼자 힘으로 집을 구할 것이다.

02 여러분은 하숙집에 산다면 어떤 집에 살고 싶습니까? 여러분이 유리가 되어 원하는 집에 대해 답장을 써 봅시다.

교환학생
알아보다
부동산 소개소
게시판
냉방 시설
맛보다

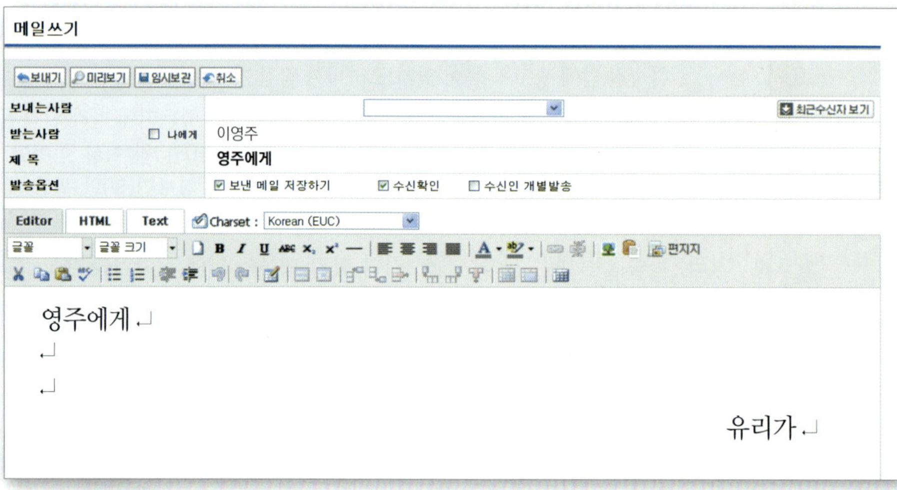

읽어 봅시다

자음동화 1 받침[ㄱ, ㄷ, ㅂ] + [ㄴ, ㅁ] ➡ 받침[ㅇ, ㄴ, ㅁ] + [ㄴ, ㅁ]	
• 작년[장년]	**작년**에 교환학생으로 일본에 갔다.
• 옛날[옌날]	이 건물은 **옛날**에는 병원이었어요.
• 십 년[심년]	졸업한 지 **십 년** 만에 동창회를 했다.
• 앞문[암문]	**앞문**이 닫혀 있어서 옆문으로 들어왔다.

제 2 과 여름도 되고 해서 머리 모양을 바꾸고 싶은데요

- **학습 목표** 생활 편의 시설을 이용할 수 있다.
- **어휘** 머리 모양, 손질하다, 빗다 / 생활 편의 시설 관련 어휘
- **문법** -고 해서, -게
- **과제** 생활 편의 시설에서 말하기
생활 편의 시설 대화와 이야기를 듣고 말하기
생활 편의 시설을 소개하는 글과 문의하는 글 읽고 쓰기

1. 어디입니까?
2. 여기에서 무엇을 할 수 있습니까?

CD 02-1, 2

유리 여름도 되고 해서 머리 모양을 바꾸고 싶은데요.
저한테 짧은 머리가 어울릴까요?

미용사 손님은 얼굴이 작아서 잘 어울리실 거예요.

유리 어려 보이게 앞머리도 잘라 주세요.

미용사 네, 예쁘게 잘라 드릴게요.

유리 그런데 짧은 머리는 손질하기가 어렵지 않은가요?

미용사 아니에요. 머리를 감고 자연스럽게 빗어 주시기만 하면 돼요.

머리 모양
손질하다
빗다

어휘

염색하다

파마하다

다림질하다

드라이클리닝하다

구두를 닦다

굽을 갈다

줄이다

늘리다

빈칸에 알맞은 말을 쓰십시오.

우리 집 근처에 편의 시설이 많이 있습니다. 저는 미용실에서 노란색 머리가 어울릴 것 같다는 미용사의 말을 듣고 용기를 내서 까만 머리를 노란색으로 염색했습니다. 었습니다./았습니다./였습니다. 처음 이렇게 머리 색을 바꿔 봤는데 제 얼굴에 잘 맞는 것 같아서 기분이 좋았습니다. 백화점에서 세일할 때 산 바지는 값도 싸고 색깔도 마음에 드는데 바지 길이가 길어서 옷 수선집에서 1)__________ 었습니다./았습니다./였습니다. 며칠 전에는 오래 신은 구두의 2)__________고 구두가 더러워서 깨끗하게 3)__________ 어/아/여 달라고 했습니다. 다음 주에는 친구 결혼식이 있어서 세탁소에 가서 와이셔츠를 4)__________ 고 양복을 5) __________ 어/아/여 달라고 해야겠습니다.

문법

1 -고 해서

동사, 형용사의 어간 뒤에 쓰여 여러 이유 중에서 대표적인 이유 하나를 말할 때 사용한다.

- 피곤하고 해서 집에 일찍 갔다.
- 날씨도 좋고 해서 산책을 하고 있어요.
- 세일도 하고 해서 옷을 사러 가려고 해요.
- 할 일도 없고 해서 오랜만에 사진 정리를 했습니다.

표를 채우고 이야기하십시오.

보기 자주 가는 식당	딸기식당	학교에서 가깝다. 음식 값이 싸다.
1) 자주 만나는 친구	유리 씨	성격이 좋다. 말이 잘 통한다.
2) 자주 보는 TV 드라마		내용이 재미있다. 내가 좋아하는 배우가 나온다.
3) 자주 가는 커피숍		커피를 많이 준다. 분위기가 좋다.
4) 자주 먹는 음식		건강에 좋다. 음식이 맛있다.
5) 자주 가는 ________		

보기

가 : 자주 가는 식당이 어디예요?
나 : 딸기 식당이에요.

가 : 왜 그 식당에 자주 가요?
나 : 학교에서 가깝고 해서 자주 가요.

2 -게

동사의 어간 뒤에 쓰여 뒤에 나오는 행위에 대한 목적이나 이유, 기준 등을 나타날 때 사용한다.

- 휠체어가 지나가게 길 좀 비켜 주세요.
- 그 식당을 찾아가게 약도 좀 그려 주십시오.
- 제시간에 도착하게 일찍 나갑시다.
- 아이들이 만지지 못하게 높은 곳에 놓았어요.

원하는 것을 말하고 부탁을 해 보십시오.

보기	내일 일찍 일어나고 싶다.	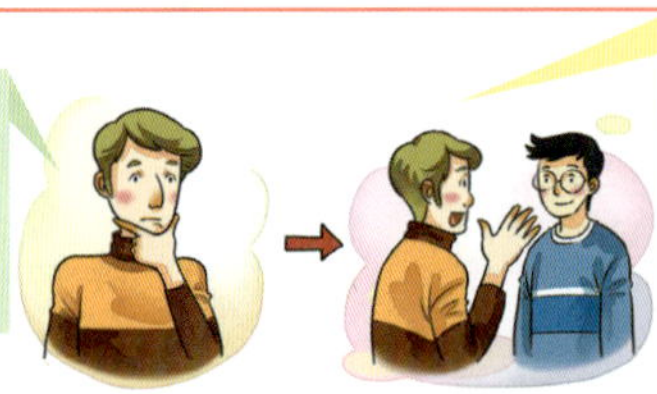	내일 일찍 일어나게 깨워 줘.	➡ 내일 일찍 일어나게 깨워 줘.
1)	오늘은 놀 수 있으면 좋겠다.		숙제를 조금만 내 주세요.	➡
2)	어린아이도 먹을 수 있으면 좋겠다.			➡
3)	지나갈 수 있으면 좋겠다.			➡
4)	조용히 공부하고 싶다.	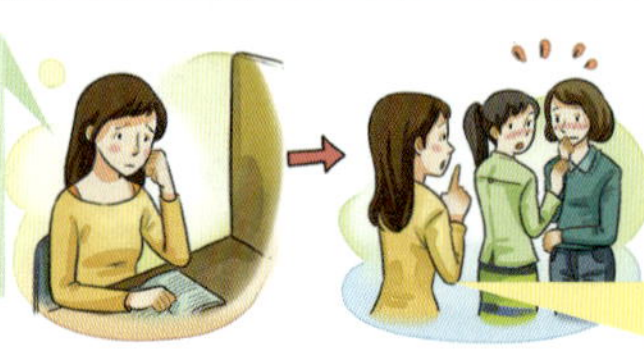		➡

과제 1 말하기

01 다음 표를 채우고 주문하는 대화를 만드십시오.

장소	햄버거 가게	커피숍	식당
주문하는 것	·불고기버거 세트		
요구 사항	·양파를 빼 주세요. ·겨자를 많이 넣어 주세요. ·감기에 걸리지 않게 콜라에 얼음을 빼 주세요.		
알고 싶은 것	·세트에 들어가는 것 ·값 ·자리		

보기

손님 : 불고기버거 주세요. 양파는 빼 주시고 겨자를 많이 넣어 주세요.
주인 : 세트로 하시겠어요?
손님 : 세트는 무엇이 같이 나와요?
주인 : 감자튀김과 음료가 같이 나와요.
손님 : 그럼 세트로 주세요.
주인 : 음료는 무엇으로 하시겠어요? 콜라와 사이다가 있습니다.
손님 : 콜라로 주시는데 감기에 걸리지 않게 얼음을 빼 주세요. 얼마예요?
주인 : 6,000원입니다. 여기서 드실 거예요? 가지고 가실 거예요?
손님 : 여기서 먹을 거예요. 1층에는 자리가 없는 것 같은데 2층에는 자리가 있나요?
주인 : 네, 2층에는 자리가 있습니다. 음식이 나올 때까지 잠시만 기다려 주세요.

겨자
감자튀김

과제 2 듣고 말하기

듣고 질문에 답하십시오.

01

CD 02-3

1) **여자가 맡기고 싶어하는 것은 무엇입니까?**

2) **여자가 원하는 것은 무엇입니까?** (　　　)

① 돈을 깎아 주는 것
② 세탁물을 빨리 찾는 것
③ 손상이 없이 세탁해 주는 것
④ 얼룩을 깨끗하게 지워 주는 것

3) **들은 내용과 같으면 ○, 틀리면 ×표 하십시오.**

① 세탁 기간은 3일이다. (　　)
② 세탁비는 모두 13,000원이다. (　　)
③ 여자는 4시에 세탁소에 갈 것이다. (　　)

02

CD 02-4

1) **이 사람은 오늘 친구들과 어디에 갔습니까?**

2) **거기에서 무엇을 했습니까?**

3) **그곳에 대해서 맞는 것을 고르십시오.** (　　　)

① 이 사람 집에서 좀 멀다.
② 소금방이 있고 시설이 좋다.
③ 이 사람이 오늘 처음 간 곳이다.
④ 값이 다른 곳에 비해서 비싸지만 좋다.

손상이 되다
세탁물
침실
거실
자유롭다
외롭다

03

여러분은 한국에서 어느 편의 시설을 이용해 봤습니까? 여러분 나라와 다른 점이 있습니까?

과제 3 읽고 쓰기

01 다음 글을 읽고 질문에 답하십시오.

24시간 문을 여는 한국의 편의점은 점점 그 수가 늘어나고 있고 현대 한국인의 생활에 꼭 필요한 곳이 되었다. 자취 생활을 하고 있는 유리 씨는 편의점이 없는 자취 생활이란 상상할 수 없다고 한다. 작은 슈퍼마켓보다는 다양하고 대형 마트보다는 가깝게 이용할 수 있기 때문이다.

편의점은 생활에 필요한 많은 것들이 있는 곳이다. 편의점의 음식은 거의 대부분 5분 이내에 먹을 수 있거나 포장만 뜯으면 그대로 먹을 수 있는 음식이 많다. 그리고 음식의 종류도 점점 다양해지고 있다. 특히 국내 쌀로 지은 밥에 햄, 불고기, 고추장 양념 등을 함께 넣어 만든 삼각 김밥은 바쁜 현대인에게 인기 있는 음식이다. 그래서 삼각 김밥의 생산량이 많이 늘었다.

편의점에서는 다양한 도시락과 음료뿐만 아니라 여행용 세면도구, 헤어용품, 속옷이나 양말, 스타킹도 판다. 신문과 잡지뿐만 아니라 교통 카드와 복권도 판다.

요즘은 편의점에서 운동 경기나 공연 표, CD도 살 수 있고 DVD도 빌릴 수 있다. 전화 요금, 수도세 등 공과금도 낼 수 있다. 그리고 가까운 편의점에 짐을 가져가서 주소를 쓰면 전국 어디든지 배달이 가능하며 꽃 배달, 단체 주문으로 도시락 배달까지 해 준다. 편의점은 물건을 팔 뿐만 아니라 많은 일도 해결해 주고 있는 것이다.

1) 무엇에 대해서 썼습니까?

2) 편의점이 작은 슈퍼마켓이나 대형 마트에 비해서 좋은 점은 무엇입니까?

3) 편의점에서 할 수 있는 것이 아닌 것을 고르십시오. (　　　)

❶ 우표를 살 수 있다.
❷ 스타킹을 살 수 있다.
❸ 공과금을 낼 수 있다.
❹ DVD를 빌릴 수 있다.

02 다음 글을 읽고 질문에 답하십시오.

제목 : 여드름 상담 드립니다.	[2012-11-20 11:14:15]
문의할 곳 : 서울 병원	이름 : ○○○

제 친구가 이 병원이 좋다고 해서 이렇게 문의를 드립니다.

제 친구가 여드름이 많이 나서 고민을 많이 했었는데 여기에서 치료를 받고는 몰라볼 정도로 피부가 좋아졌대요. 제가 믿는 친구가 추천해 줘서 여기서 한번 치료를 받아 보려고 합니다. 치료 비용 좀 알려 주세요. 그리고 ○○○ 크림이 여드름에 좋다고 해서 며칠 전부터 쓰고 있는데 이 크림을 계속 사용하는 게 좋을까요?

빠른 답변 부탁드립니다.

1) **이것은 어디에 올린 글일까요?**

2) **누가 이 사람에게 여기를 추천했습니까?**

3) **이 사람이 문의한 것은 무엇입니까? 모두 쓰십시오.**

03 여러분도 위 글과 같이 문의하고 싶은 것을 써 보십시오.

제목 :	날짜 :
문의할 곳 :	이름 :

자취 생활
세면도구
헤어용품
복권
공과금
여드름
문의

읽어 봅시다

자음동화 2 받침 [ㄴ] +[ㄹ] ➡ 받침 [ㄴ] +[ㄴ]	
• 판단력[판단녁]	나는 네 **판단력**을 믿는다.
• 의견란[의견난]	신문마다 독자 **의견란**이 있습니다.
• 표현력[표현녁]	**표현력**을 기르려면 어떻게 해야 합니까?
• 생산량[생산냥]	**생산량**을 늘리기 위해서 밤에도 일합니다.

제3과 음식이 싸고 맛있대

- **학습 목표** 필요한 것을 찾아서 추천할 수 있다.
- **어휘** 낙지볶음, 맛집, 양, 공짜 / 추천 관련 어휘
- **문법** 간접화법의 축약형, -기는요
- **과제** 맛집 정보를 보고 말하기
  맛집 소개를 듣고 말하기
  맛집을 추천하는 글을 읽고 쓰기

1. 여러분은 어디에서 식사를 하나요?
2. 음식이 맛있고 좋은 식당을 알고 싶으면 어떻게 합니까?

CD 03-1, 2

유리　우리 밖에서 저녁 먹고 들어갈까?

영주　나는 낙지볶음을 먹고 싶은데 너는 매운 음식 잘 못 먹지?

유리　못 먹기는. 얼마나 좋아하는데.

영주　음, 그럼 잠깐만 기다려 봐. 근처의 맛집을 찾아볼게.
(잠시 후) 신촌 식당을 사람들이 많이 추천하는데…

유리　그래? 사람들이 뭐래?

영주　음식이 싸고 맛있대. 양도 많고 후식도 공짜로 준대.

맛집
양
공짜

어휘

소개하다

안내하다

추천하다

제안하다

권하다

빈칸에 알맞은 말을 쓰십시오.

보기 부모님께 남자 친구를 소개하려고 ~~으려고/려고~~ 해요.

1) 교수님은 좋은 학생을 장학생으로 ________________ 었다/았다/였다.

2) 제인 씨가 이번 방학에 같이 배낭여행을 가자고 ________________ 었다/았다/였다.

3) 한국 친구가 나에게 막걸리를 마셔 보라고 ________________ 었다/았다/였다.

4) 백화점 1층에는 각 층을 ________________ 어/아/여 주는 곳이 있습니다.

문법

1 간접화법의 축약형

구어체 표현에서 다른 사람에게서 들은 말이나 글에서 읽은 내용을 전달할 때 간접화법의 형태를 축약해서 다음과 같이 간단하게 쓴다.

1.	________________ 이라고/라고 해요 "그 사람이 학생이에요" ➡ 그 사람이 학생이라고 해요	➡ ____________ 이래요/래요 ➡ 그 사람이 학생이래요
2.	________________ 다고 해요 "날씨가 좋아요" ➡ 날씨가 좋다고 해요	➡ ____________ 대요 ➡ 날씨가 좋대요
3.	________________ 는다고/ㄴ다고 해요 "축구를 잘해요" ➡ 축구를 잘한다고 해요.	➡ ____________ 는대요/ㄴ대요 ➡ 축구를 잘한대요
4.	________________ 었다고/았다고/였다고 해요 "어제 비가 왔어요" ➡ 어제 비가 왔다고 해요	➡ ____________ 었대요/았대요/였대요 ➡ 어제 비가 왔대요
5.	________________ 을/ㄹ 거라고 해요 "5시에 출발할 거예요" ➡ 5시에 출발할 거라고 해요	➡ ____________ 을/ㄹ 거래요 ➡ 5시에 출발할 거래요
6.	________________ 냐고 해요 "지금 몇 시예요?" ➡ 지금 몇 시냐고 해요	➡ ____________ 냬요 ➡ 지금 몇시냬요
7.	________________ 으라고/라고 해요 "빨리 오세요" ➡ 빨리 오라고 해요	➡ ____________ 으래요/래요 ➡ 빨리 오래요
8.	________________ 자고 해요 "같이 영화 봐요" ➡ 같이 영화 보자고 해요	➡ ____________ 재요 ➡ 같이 영화 보재요

다음 문자 메시지를 보고 친구에게 전달해 봅시다.

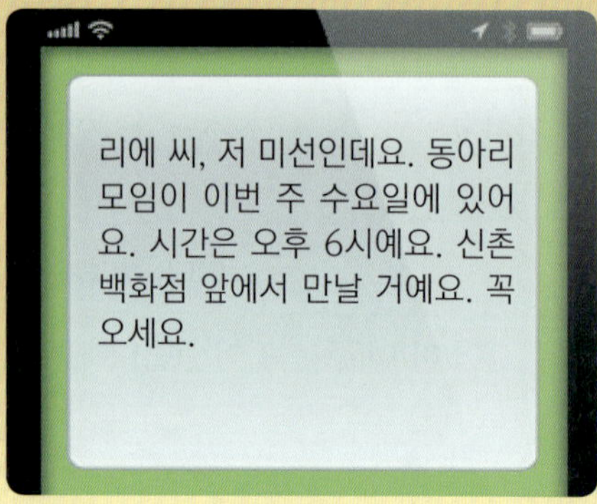

밍밍 : 리에 씨, 미선 씨한테서 연락 받았어요?

리에 : 네, 메시지를 받았는데 이번 주 수요일에 동아리 모임이 있대요.

밍밍 : 몇 시에 만난대요?

리에 : 1) ________________.

밍밍 : 어디에서요?

리에 : 2) ________________.

아, 그리고 3) ________________.

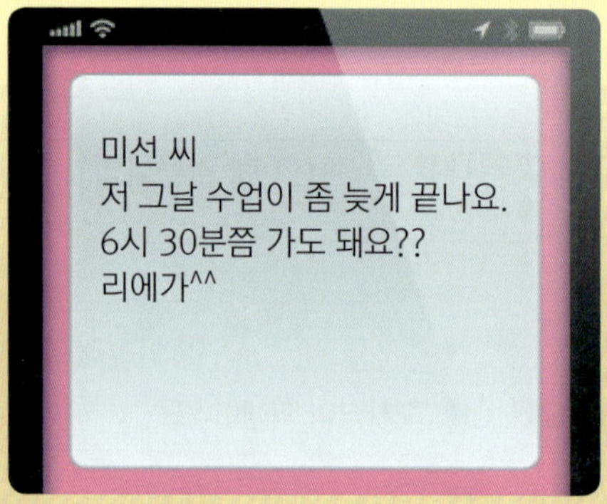

동아리 친구 : 리에 씨한테서 연락이 왔어?

미선 : 응, 리에 씨가 4) ________________

________________.

5) ________________.

동아리 친구 : 좀 늦어도 꼭 오라고 전해 줘.

2 -기는요

동사나 형용사의 어간 뒤에 붙여 써서 상대방의 말을 부정하거나 그 말에 동의하지 않음을 나타낸다. 칭찬에 대해 쓰면 겸손한 표현이 된다.

- 가 : 한국은 3월이면 따뜻하지요?
  나 : 따뜻하기는요. 3월에도 추워요.
- 가 : 일이 다 끝났어요?
  나 : 끝나기는요. 아직 반도 못했어요.
- 가 : 어제 본 영화 재미있었지요?
  나 : 재미있기는요. 내용이 지루해서 졸았어요.
- 가 : 한국어 정말 잘하시네요.
  나 : 잘하기는요. 아직도 많이 연습해야 해요.

다음 그림을 보고 친구와 이야기하십시오.

	상황	대화
보기		나 : 마리아 씨는 노래를 잘하지요? 마리아 : 잘하기는요. 노래를 부르면 50점밖에 안 나오는데요.
1)		나 : 히로시 씨, 여자 친구가 있어요? 히로시 : ____________________ 기는요. 작년에 헤어졌어요.
2)		나 : 제임스 씨는 숙제 다 했어요? 제임스 : ________________ 기는요. ____________________.
3)		나 : 수잔 씨는 운전을 잘할 것 같아요. 수잔 : ____________________. ____________________.
4)		나 : 모리 씨는 좋은 회사에서 일하니까 돈이 많지요? 모리 : ____.
5)		나 : ____? 친구 : ____.

과제 1 말하기

01 다음 맛집 소개를 보고 친구와 이야기해 봅시다.

보기

미선 : 배고픈데 뭘 먹을까요?

요코 : 미선 씨가 이 근처는 잘 아니까 한번 알아보세요.

(검색 후 화면을 보면서)

미선 : 검색해 보니까 돼지분식이라는 식당이 나오네요. 떡볶이하고 라면이 맛있대요. 분식은 어때요?

요코 : 오~, 저 떡볶이 좋아하는데요. 어디에 있대요?

미선 : 마포역 3번 출구 근처에 있대요.

요코 : 그럼, 가까우니까 거기에 가요.

과제 2 듣고 말하기

듣고 질문에 답하십시오.

01

CD 03-3

1) **들은 이야기는 누가 누구에게 말하는 것입니까? (　　　)**

❶ 선생님이 학생에게
❷ 식당 주인이 손님에게
❸ 관광 안내자가 관광객에게

2) **어디에 무슨 음식이 유명합니까? 들은 내용에 맞게 연결하십시오.**

❶ 마포 •　　　　• 떡볶이

❷ 신당동 •　　　　• 감자탕

❸ 응암동 •　　　　• 돼지갈비

3) **들은 내용과 같으면 ○, 다르면 ×표 하십시오.**

❶ 소개한 돼지갈비는 양념을 하지 않고 구워 먹는다. (　　)
❷ 소개한 떡볶이는 보통 떡볶이보다 비싸지만 맛있다. (　　)
❸ 떡볶이 가게들 중에서 할머니집이 원조 식당이다. (　　)
❹ 감자탕 골목에 가면 늦은 밤에도 감자탕을 먹을 수 있다. (　　)

감자탕
원조

02

여러분은 친구들에게 어디를 추천하고 싶습니까? 왜 추천하고 싶습니까?
친구들과 이야기해 봅시다.

과제 3 읽고 쓰기

01 다음은 인터넷 블로그의 맛집을 소개하는 글입니다. 읽고 질문에 답하십시오.

루피 씨의 맛집 찾아다니기 blog | 일상생활 | 먹고 싶은 것 | 사진첩

루피의 블로그

제 블로그에 오신 것을 환영합니다!

프로필 ▸ 쪽지 ▸ 이웃 추가 ▸

Category

- 루피 따라가기
  - 국립 극장 맛집
  - 서대문구 맛집
  - 마포구 맛집
  - 강남구 맛집
  - 종로 맛집
  - 헤이리 맛집
- 연인들이 함께 가고 싶은 곳
- 부모님과 같이 가기 좋은 곳

전체 보기 목록열기 ▼

[맛집 소개하기] | 루피 따라가기 | 국립 극장 맛집 수정 | 삭제

http://blog.yonsei.ac.kr/roopyfood/ 복사

행복 갈비

제가 불고기가 먹고 싶을 때마다 가는 맛집 중의 맛집입니다
ㅋㅋㅋ
만 원에 즐기는 푸짐한~ 불고기!!

점심시간대라 그런지 사람이 너무 많아서 4층으로 올라갔습니다!
정~말 테이블이 많습니다!
굉장히 넓었어요. 모두 3명이서 갔었는데요.
불고기 2인분과 갈비탕 하나를 주문했습니다.
채소와 버섯도 많이 들어 있었어요.
맛은요. 100% 만족했습니다! ^^
입맛 없을 때 먹으면 정말 좋을 것 같아요.
게다가 반찬이나 고기의 양과 질까지 생각하면 만 원이라는 가격이 참 마음에 들고요!!!
정말 갈비가 듬~뿍 들어있어요!!
고기가 너무 많아서 사실 처음에 보고 깜짝 놀랐습니다 ㅋㅋ
탕에 들어 있는 갈비의 양에 한 번 놀라고, 갈비의 맛에 두 번 놀랐습니다!
가족들과 함께, 특히 부모님 모시고 가기 좋은 곳,
행복 갈비입니다. ^*^

1) 위 블로그에서 소개한 내용을 정리해 봅시다.

식당 이름	
위치	
주요 메뉴	불고기 /갈비탕
추천하는 이유	

02 여러분도 소개하고 싶은 식당이 있습니까? 메모하고 소개하는 글을 써 봅시다.

	내용
식당 이름	
위치	
주요 메뉴	
추천하는 이유	

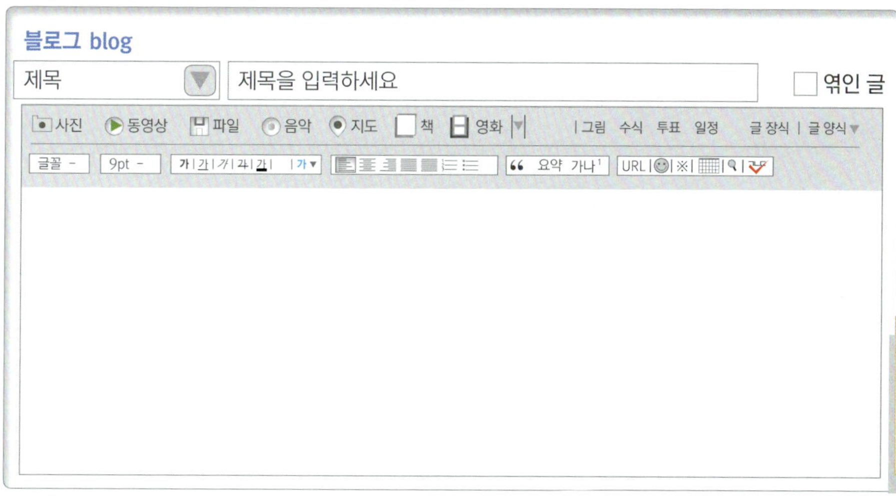

듬뿍
푸짐하다

읽어 봅시다

자음동화 3 받침 /ㄱ, ㅂ/ +[ㄹ] ➡ 받침 /ㅇ, ㅁ/ +[ㄴ]	
• 국립[궁닙]	**국립** 극장에서 공연을 봤어요.
• 식료품[싱뇨품]	**식료품**은 지하 일 층에 있습니다.
• 수업료[수엄뇨]	**수업료**는 은행에 내십시오.
• 입력[임녁]	ID와 암호를 **입력**하십시오.

문화

외국인이 뽑은 맛있는 먹거리 10가지

요즘 한국 음식이 해외에서도 인기가 많다고 합니다. 맵고 양념이 강한 음식들을 외국인들의 입맛에 맞게 바꾸면서 인기를 얻기 시작했다고 합니다. 외국인들이 좋아하는 한국 음식은 무엇일까요? 얼마 전 서울 시에서 조사한 외국인이 뽑은 서울의 맛있는 먹거리 10가지를 살펴볼까요?

외국인이 뽑은 서울의 맛있는 먹거리

순위	음식	명	순위	음식	명
1	삼겹살	558	6	갈비	76
2	김치 또는 김치 요리	332	7	냉면	43
3	떡볶이	313	8	보쌈	42
4	비빔밥	231	9	돼지갈비	34
5	삼계탕	172	10	김밥	32

*2012년 서울시에서 외국인 1,984명을 대상으로 조사함 (자료: 서울시)

제4과 소리가 잘 안 들려요

- 학습 목표　전화나 기계 등의 문제점을 설명할 수 있다.
- 어휘　끊기다, 맡기다 / 수리 관련 어휘
- 문법　피동, -고요
- 과제　기계 이상에 대해서 말하기
  기계 사용할 때 주의할 점 듣고 말하기
  기계 사용 설명서 읽고 쓰기

1. 여러분은 물건이 고장 난 적이 있습니까?
2. 그 문제를 어떻게 해결했습니까?

CD 04-1, 2

마이클	휴대전화에 이상이 생겨서 왔는데요.
직원	어디 좀 볼까요?
마이클	소리가 잘 안 들려요.
	가끔 통화가 끊기기도 하고요.
직원	접수해 드리겠습니다. 구입하신 지 얼마나 됐습니까?
마이클	한 달밖에 안 됐어요. 수리는 금방 될까요?
직원	지금 맡기면 오늘 오후에 찾으실 수 있습니다.

끊기다

맡기다

어휘

고장이 나다, 이상이 있다

수리를 요청하다

고치다, 수리하다

보증 기간
제품 구입 후 1년

무상 수리

수리비

빈칸에 알맞은 말을 쓰십시오.

10개월 전에 산 텔레비전이 고장 났다 ~~었다/았다/였다~~. 그저께부터 텔레비전이 잘 켜지지 않았다. 그래서 수리 센터에 전화를 걸어서 텔레비전을 고쳐 달라고 1)__________었다/았다/였다. 수리 기사가 집에 와서 텔레비전을 보고 안에 있는 부품에 2)__________는다고/ㄴ다고/다고 했다. 그리고 생각보다 빨리 텔레비전을 잘 3)__________어/아/여 주었다. 돈이 많이 들 줄 알았는데 4)__________이/가 1년이어서 무상 수리를 받았다. 텔레비전도 빨리 고쳐 주고 5)__________도 하나도 들지 않아서 기분이 좋았다.

문법

1 피동

동사의 어간에 '이, 히, 리, 기' 등을 붙여 쓰면 남이 하는 행위나 동작에 의해 영향을 받는 것을 나타내는 피동사가 되는 단어들이 있다. 하지만 모든 단어가 이렇게 피동사가 되는 것은 아니다.

[피동]					
	-이- :	보다 - 보이다	쌓다 - 쌓이다	놓다 - 놓이다	바꾸다 - 바뀌다
	-히- :	먹다 - 먹히다	밟다 - 밟히다	읽다 - 읽히다	잡다 - 잡히다
	-리- :	걸다 - 걸리다	듣다 - 들리다	열다 - 열리다	팔다 - 팔리다
	-기- :	끊다 - 끊기다	안다 - 안기다	씻다 - 씻기다	쫓다 - 쫓기다

- 우리 집에서 바다가 보여요.
- 도둑이 경찰에게 잡혔습니다.
- 주위가 너무 시끄러워서 전화 소리가 잘 안 들려요.
- 엄마 품에 안겨 있는 아기의 모습이 정말 예뻤다.

> 다음 그림을 보고 문장을 완성하십시오.

보이다
놓이다
꽂히다
닫히다
들리다
열리다
안기다

보기 신문이 탁자 위에 놓여 있습니다.

1) 꽃이 ____________________.

2) 아기가 ____________________.

3) 벽에는 시계가 ____________________.

4) ____________________.

5) ____________________.

6) ____________________.

7) ____________________.

2 -고요

동사나 형용사의 어간 뒤에 쓰여 자신의 말이나 상대방의 말에 정보를 덧붙일 때 사용한다.

- 가 : 지금 살고 있는 하숙집이 깨끗해요?
  나 : 네, 깨끗해요. 학교도 가깝고요.
- 가 : 비가 많이 와요?
  나 : 네, 바람도 많이 불고요.
- 가 : 그 식당 음식이 어때요?
  나 : 맛있어요. 값도 싸고요.
- 가 : 물건을 사고 돈이 남았니?
  나 : 네, 여기 잔돈이 있어요. 이건 영수증이고요.

그림을 보고 비교해서 대화를 완성하십시오.

보기

가 : 서울 서점이 어때요?
나 : 넓어요. 직원들도 친절하고요.
가 : 그럼 신촌 서점은 어때요?
나 : 좀 좁아요. 직원들도 친절하지 않고요.

1)

가 : 가나 커피숍이 어때요?
나 : 깨끗해요. ______________고요.
가 : 그럼 다라 커피숍은 어때요?
나 : 지저분해요. ______________고요.

2)

가 : 형 방이 어때요?
나 : __________. __________고요.
가 : 그럼 동생 방은 어때요?
나 : __________. __________고요.

3)

가 : 대한 백화점이 어때요?
나 : __________. __________고요.
가 : 그럼 민국 백화점은 어때요?
나 : __________. __________고요.

4)

가 : 달 노래방이 어때요?
나 : __________. __________고요.
가 : 그럼 해 노래방은 어때요?
나 : __________. __________고요.

5)

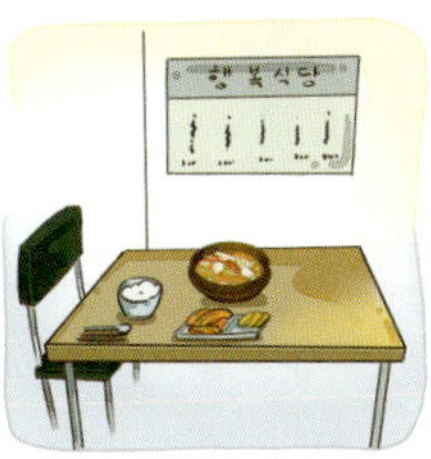

가 : 행복 식당이 어때요?
나 : __________. __________고요.
가 : 그럼 사랑 식당은 어때요?
나 : __________. __________고요.

과제 1 말하기

01 기계에 이상이 생겨서 서비스 센터에 갔습니다. 대화를 만드십시오.

물건	이상	언제부터	구입시기	수리비
	이상한 소리가 난다. 글자가 깨진다.	5일 전	2년 전	있음
	사진이 선명하지 않다. 플래시가 자동으로 켜지지 않는다.			
	시간이 잘 안 맞는다. 시곗줄이 끊어졌다.			
	숫자가 잘 안 눌러진다. 소리가 잘 안 들린다.			

선명하다

보기

직원 : 어떻게 오셨습니까?

손님 : 이 노트북에서 이상한 소리가 나요. 글자도 깨지고요.

직원 : 언제부터 이랬습니까?

손님 : 한 5일쯤 된 것 같아요.

직원 : 어떻게 해서 고장이 났어요?

손님 : 노트북을 떨어뜨렸어요.

직원 : 언제 구입하신 거예요?

손님 : 구입한 지 2년쯤 됐어요.

직원 : 그럼 수리비를 내셔야 하는데요.

손님 : 수리비가 얼마쯤 들까요?

과제 2 듣고 말하기

듣고 질문에 답하십시오.

01

CD 04-3

1) **무슨 물건에 대해서 말하고 있습니까?**

2) **이 제품을 잘 사용하고 있는 것을 고르십시오.** (　　)

❶ 마른 천으로 닦는다.
❷ 부드러운 수건으로 세게 누른다.
❸ 난방 기구 위에 놓는다.
❹ 꺼내기 편하게 뒷주머니에 넣는다.

02

CD 04-4

1) **무슨 물건에 대해서 말하고 있습니까?**

2) **이 제품 안에 넣고 돌릴 수 있는 것은 무엇입니까?** ( )

❶ 전용 그릇
❷ 뚜껑이 있는 병
❸ 금속 그릇
❹ 조리용 장갑

03

CD 04-5

1) **무슨 물건에 대해서 말하고 있습니까?**

2) **이 제품을 잘못 사용하고 있는 것을 고르십시오.** ( )

❶ 렌즈에 물이 들어가지 않게 한다.
❷ 날카로운 물건에 닿지 않게 한다.
❸ 메모리 카드를 넣을 때는 살짝 넣는다.
❹ 배터리를 사진기 안에 넣어 보관한다.

천
자판
살살
금속
날카롭다
닿다

04

위 물건들을 사용할 때 주의할 점을 더 이야기해 봅시다.

과제 3 읽고 쓰기

01 다음 글을 읽고 질문에 답하십시오.

제품 사용 설명서

제품에 이상이 생기면 서비스 센터에 수리를 요청하기 전에 아래와 같이 해 보세요. 그래도 해결이 되지 않으면 서비스 센터에 문의해 주십시오.

증상	확인 사항	해결 방법
안에 물이 안 들어옵니다.	수도꼭지가 잠겨 있습니까? 수도꼭지가 얼었습니까?	수도꼭지를 열어 주세요. 따뜻한 물로 녹여 주세요.
켜지지 않습니다.	[전원] 버튼을 눌렀습니까? 전원 플러그가 빠졌습니까?	[전원] 버튼을 눌러 주세요. 전원 플러그를 끼워 주세요.
세제 거품이 너무 많이 발생합니다.	세제를 너무 많이 넣었습니까?	세제를 적당히 넣어 주세요.
탈수가 안 됩니다.	머리카락 같은 물질이 많이 있습니까?	그 물질을 빼 주십시오.
시끄러운 소리가 많이 납니다.	수평으로 놓았습니까? 주위에 불필요한 물건들이 놓여 있습니까?	제대로 잘 놓아 주십시오. 불필요한 물건을 치워 주세요.

1) **무슨 제품의 사용 설명서입니까?**

2) **머리카락이 많을 때는 어떤 증상이 나타납니까?** (   )

❶ 물이 안 들어온다.
❷ 물이 잘 안 빠진다.
❸ 거품이 많이 난다.
❹ 소리가 많이 난다.

3) 기계가 시끄러울 때는 어떻게 하는 것이 좋습니까? ( )

❶ 전원 버튼을 누른다. ❷ 제대로 잘 놓는다.
❸ 수도꼭지를 잠근다. ❹ 따뜻한 물로 녹인다.

02 제품에 이상이 있을 때 어떻게 했습니까? 쓰십시오.

수도꼭지
녹이다
전원
플러그
탈수
조절

보기

기사에게 수리를 요청하기 전에 사용 설명서를 보면 편리하다. 휴대전화 배터리를 충전했는데도 휴대전화가 잘 켜지지 않은 적이 있다. 그래서 사용 설명서를 보고 배터리를 다시 잘 끼워 보니까 휴대전화가 잘 켜졌다. 그리고 상대방 목소리가 잘 들리지 않을 때도 사용 설명서를 보고 통화 음량 조절 버튼을 눌러서 소리를 크게 했다. 그러니까 상대방 소리가 잘 들렸다.

읽어 봅시다

자음동화 4 받침 [ㄴ] +[ㄹ] 혹은 [ㄹ] +[ㄴ] ➡ 받침 [ㄹ] +[ㄹ]	
• 연락[열락]	고향 친구와 이메일로 **연락**하고 있습니다.
• 편리[펼리]	휴대전화가 있어서 아주 **편리**해요.
• 일 년[일 련]	구입한 지 **일 년**이 안 됐습니다.
• 실내[실래]	**실내**에서는 담배를 피우면 안 됩니다.

문화

빨리빨리 문화

한국에서는 식당에서 음식을 시켜도 빨리 나오고, 인터넷 속도도 세계에서 최고라고 할 수 있을 정도로 아주 빠릅니다. 이러한 문화는 빠른 수리 서비스에도 잘 나타납니다. 수리해 달라고 하면 거의 그날이나 그 다음날에 수리를 해 줍니다. 이러한 빨리빨리 문화 때문에 생활하기 편하다고 하는 사람도 있고 여유가 없는 것 같다고 하는 사람도 있습니다.

제5과 요즘은 현금을 내는 대신에 교통 카드를 많이 써

- 학습 목표 교통수단 이용에 관한 정보를 이해하고 표현할 수 있다.
- 어휘 잔돈, 요금, 장점, 구입하다 / 교통 카드 관련 어휘
- 문법 -는 대신에, -을 뿐만 아니라
- 과제 교통수단 이용 시 도움이 되는 것에 대해서 말하기
  편리한 교통 시스템에 관한 대화 듣고 말하기
  교통 정보 앱에 관한 글 읽고 쓰기

1. 여러분은 한국에서 교통수단을 이용하기가 어떻습니까?
2. 교통수단을 이용할 때 편리하다고 느낀 것은 무엇입니까?

CD 05-1, 2

유리	잔돈이 없는데 어떻게 하지?
영주	내가 교통 카드로 낼게. 요즘은 현금을 내는 대신에 교통 카드를 많이 써.
유리	교통 카드를 쓰면 어떤 점이 좋아?
영주	요금이 할인될 뿐만 아니라 현금을 안 가지고 다녀도 되니까 편해.
유리	장점이 많구나. 그런데 어디에서 살 수 있어?
영주	지하철역이나 편의점에서 구입할 수 있어.

잔돈

요금

장점

구입하다

어휘

단말기

발매기

보증금 환급기

대다

충전하다

환승하다

빈칸에 알맞은 말을 쓰십시오.

교통 카드 사용하는 방법을 알려 드리겠습니다.

교통 카드 티머니는 지하철역이나 편의점에서 쉽게 구입할 수 있습니다. 보증금을 주고 카드를 사서 원하는 금액만큼 충전해서 ~~어서/아서/여서~~ 쓸 수 있습니다.

1회용 교통 카드는 지하철역에서 구입할 수 있습니다. 1)________________에 돈을 넣으면 1회용 교통 카드가 나옵니다. 지하철역에서 나오기 전에 그 1회용 교통 카드를 2)________________에 넣으면 보증금을 돌려받을 수 있습니다.

지하철역이나 버스 안에는 교통 카드를 사용할 수 있는 3)________________이/가 있습니다. 지하철이나 버스를 탈 때는 거기에 교통 카드를 4)________________습니다/ㅂ니다. 내려서 30분 안에 다시 타면 무료로 5)________________을/ㄹ 수 있습니다.

문법

1 -는 대신에

동사의 어간 뒤에 쓰여 앞의 행동을 하지 않고 뒤의 행동으로 대체하는 뜻을 나타낸다. 또는 앞의 행동에 대해 보상하는 행동이 이어질 때도 사용할 수 있다.

- 내가 청소하는 대신에 너는 설거지를 해.
- 나는 대답을 하는 대신에 창문 쪽으로 고개를 돌렸다.
- 우리는 다른 회사보다 일을 많이 하는 대신에 월급을 많이 받는다.
- 친구가 내 보고서 쓰는 걸 도와주는 대신에 나는 친구에게 점심을 사기로 했다.

과거의 생활 모습과 현재의 생활 모습입니다. 어떻게 달라졌습니까? 쓰십시오.

과거	현재
보기 편지를 썼다.	문자 메시지를 보낸다.
1) 음악 CD를 샀다.	
2) 수첩에 메모했다.	
3) 종이 신문을 읽었다.	
4) 서점에 가서 책을 샀다.	
5) 사진을 찍어서 사진첩에 보관했다.	

보기 요즘은 편지를 쓰는 대신에 문자 메시지를 보내요.

1) ______________________.

2) ______________________.

3) ______________________.

4) ______________________.

5) ______________________.

2 -을/ㄹ 뿐만 아니라

동사, 형용사의 어간 뒤에 쓰여 앞선 행동이나 상황에 뒤의 행동이나 상황이 더해짐을 나타낼 때 자음으로 끝나는 동사나 형용사의 어간 뒤에는 '-을 뿐만 아니라', 모음으로 끝나는 동사나 형용사의 어간 뒤에는 '-ㄹ 뿐만 아니라'를 사용한다.

- 그 가수는 노래를 잘할 뿐만 아니라 춤도 잘 춘다.
- 남대문시장은 물건 값이 쌀 뿐만 아니라 물건의 종류도 다양하다.
- 자전거는 편리한 교통수단일 뿐만 아니라 환경에도 좋다.
- 지난 겨울은 몹시 추웠을 뿐만 아니라 눈도 많이 내렸어요.

다음 표를 채우고 친구와 이야기하십시오.

보기 나의 고향	경치가 아름답다 / 공기가 좋다
1) 우리 어머니	
2) 우리 반	
3) 우리 학교	
4) 한국 음식	
5) 서울	

보기

가 : 고향은 어떤 곳이에요?

나 : 경치가 아름다울 뿐만 아니라 공기도 좋은 곳이에요.

과제 1 말하기

01 다음 그림은 교통수단 이용 시 도움이 되는 것입니다. 어떤 점이 좋은지 이야기하십시오.

저상 버스

잔여 좌석 알림 서비스

급행 버스

수상 버스

보기

저상 버스

아직 저상 버스가 많지 않아서 기다리는 시간이 길기는 하지만 저상 버스는 장애인이나 노약자들이 이용하기 좋은 버스라고 생각합니다. 일반 버스는 계단이 있어서 휠체어가 쉽게 올라타기 힘들지만 저상 버스는 계단이 없어서 장애인들이나 노약자들이 이용하기 편합니다. 또한 계단을 오를 필요가 없어서 짐이 많은 일반 사람들도 이용하기 편합니다. 이용해 본 사람들은 저상 버스 안에 있는 장애인 전용 공간이 넓어서 탔을 때 느낌도 좋다고 합니다.

저상
매번
잔여
급행
수상

02 여러분 나라에 있는 편리한 교통 시스템에 대해서 이야기해 보십시오.

과제 2 듣고 말하기

듣고 질문에 답하십시오.

01

CD 05-3

1) 무엇에 대해서 말하고 있습니까?

2) 들은 내용과 같으면 ○, 다르면 × 표 하십시오.

❶ 택시를 타면 전용 차선으로 빨리 갈 수 있다. ( )

❷ 버스만 다닐 수 있는 차선은 하얀색으로 되어 있다. ( )

02

CD 05-4

1) 무엇에 대해서 말하고 있습니까?

2) 들은 내용과 같으면 ○, 다르면 × 표 하십시오.

❶ 급행은 일반 지하철에 비해서 서는 역이 많지 않다. ( )

❷ 이 사람들은 지금 모임에 가기 위해서 지하철 2호선을 타려고 한다. ( )

03

CD 05-5

1) 무엇에 대해서 말하고 있습니까?

2) 들은 내용과 같으면 ○, 다르면 × 표 하십시오.

❶ 이 사람들은 지금 바빠서 정신이 없다. ( )

❷ 버스 앞에 쓰여 있는 것을 보고 버스를 탄 사람 수를 알 수 있다. ( )

전용 차선

04

여러분은 한국에서 어떤 교통 시스템을 이용해 봤습니까?

과제 3 읽고 쓰기

01 다음 글을 읽고 질문에 답하십시오.

저는 여행을 갈 때 여행의 기쁨이 크긴 하지만 교통 정보 때문에 힘들 때가 많았습니다. 지난해 8월 초에도 아내와 딸을 데리고 휴가를 떠났다가 차가 밀려서 고생을 많이 했습니다. 올해는 스마트폰을 사용하는 직장 동료로부터 교통 정보 애플리케이션(앱)을 내려받아 사용해 보라는 말을 들었습니다. 그래서 휴가를 떠나기 전에 '고속도로 교통 정보' 앱과 '휴게소 정보' 앱을 내려받았습니다. 앱 스토어나 앱 마켓에 접속하면 다양한 종류의 앱을 무료로 쉽게 내려받을 수 있습니다.

저는 '고속도로 교통 정보' 앱으로 고속도로의 막히는 곳과 통행 속도와 전국 고속도로에 있는 폐쇄 회로 TV (CC TV) 화면을 바로바로 확인할 수 있었습니다. 그 덕분에 막히지 않은 길로 운전을 해서 지난해보다 빨리 목적지에 도착할 수 있었습니다. 그리고 '휴게소 정보' 앱으로 운전 중인 차 가까이에 있는 휴게소와 휴가 기간에 자동차를 무료로 봐 주는 휴게소 위치도 확인할 수 있었습니다. 그래서 여행길에 휴게소에 들러 자동차 점검도 받았습니다.

스마트폰이 없는 사람은 일반 휴대전화로도 교통 정보를 확인할 수 있습니다. 휴대전화 문자 메시지로 출발하는 곳과 도착하는 곳을 쓴 후에 '1588-2504'로 보내면 예상 시간과 거리 등을 알 수 있습니다. 예를 들면 서울에서 부산으로 갈 때 '서울 부산'을 쓴 후에 그 번호로 보내면 예상 시간 4시간 반, 거리 365km, 여주 근처 막힘 같은 정보가 옵니다.

1) **스마트폰에서 내려받은 교통 정보 앱은 무엇입니까?**

2) **고속도로 교통 정보 앱으로 확인할 수 있었던 것은 무엇입니까?**

3) **위 글에서 일반 휴대전화로 확인할 수 있는 교통 정보가 아닌 것은 무엇입니까? (　　)**

❶ 예상 시간　　❷ 거리
❸ CCTV 화면　　❹ 막히는 곳

02 여러분은 여행을 떠날 때 어떻게 교통 정보를 얻는지 쓰십시오.

애플리케이션(앱)
접속하다
내려 받다
휴게소
점검
거리

읽어 봅시다

자음동화 5 받침 [ㅁ, ㅇ] +[ㄹ] ➡ 받침 [ㅁ, ㅇ] +[ㄴ]	
• 음력[음녁]	오늘은 **음력**으로 10월 5일입니다.
• 음료수[음뇨수]	**음료수**를 너무 많이 마시지 마라.
• 정리[정니]	손님들이 오시기 전에 방을 **정리**했습니다.
• 종류[종뉴]	다양한 **종류**의 앱을 무료로 내려받을 수 있습니다.

제 6 과

개봉하자마자 관객 수가 20만 명을 넘었대

- **학습 목표** 영화를 소개할 수 있다.
- **어휘** 대단하다, 개봉하다, 관객 수, 넘다, 평 / 영화 관련 어휘
- **문법** -자마자, -느라고
- **과제** 영화 포스터 보면서 말하기
  영화 보는 방법 듣고 말하기
  영화 소개 읽고 쓰기

1. 지금까지 본 영화 중에서 가장 좋았던 영화는 무엇입니까?
2. 그 영화가 왜 좋았습니까?

CD 06-1, 2

마이클　유리야, 너 '사랑'이라는 영화 봤어?

유리　아니, 아직. 친구들이 보자고 했는데 아르바이트를 하느라고 못 봤어.

마이클　그 영화 대단한가 봐.

개봉하자마자 관객 수가 20만 명을 넘었대.

유리　정말? 그렇게 인기 있는 줄 몰랐네.

마이클　인터넷에서 보니까 평도 좋았어.

그래서 나도 이번 주말에 보려고 해.

유리　잘됐다. 이번 주말엔 아르바이트가 없으니까 같이 보자.

대단하다
개봉하다
관객 수
넘다
평

어휘

영화 장르

공포 영화

액션 영화

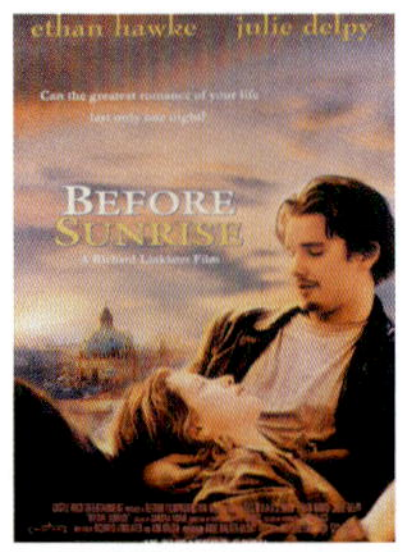

멜로 영화

공상과학 영화

심리추리 영화

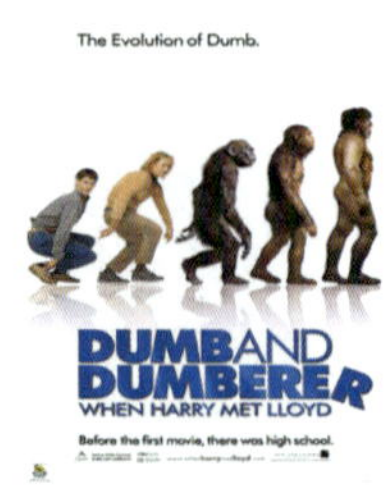

코미디 영화

극장 상황

개봉하다

상영하다

매진되다

빈 칸에 알맞은 말을 쓰십시오.

보기 저는 슬플 때는 재미있는 코미디 영화를 ~~을/를~~ 보고 싶어요.

1) 미선 씨는 귀신이 나오는____________은/는 무서워서 잘 보지 않는대요.

2) 그 영화는 이번 주말에 전 세계에서 동시에____________어요/아요/여요.

3) '우리별'이라는 영화는 50년 후 미래의 세계를 보여 주는____________ 영화예요.

4) 극장에 갔는데 보고 싶은 영화표가____________어서/아서/여서 다른 영화를 봤어요.

5) '옛사랑'이라는____________을/를 보니까 갑자기 첫사랑이 보고 싶어졌어요.

문법

1 -자마자

동사의 어간 뒤에 붙여서 어떤 일이 생기고 아주 짧은 시간 안에 바로 다음 일이 생기는 것을 표현할 때 쓴다.

- 아침에 일어나자마자 물부터 마신다.
- 용돈을 받자마자 다 썼어요.
- 아기가 의사 선생님을 보자마자 울기 시작했어요.
- 6시가 되자마자 모두 퇴근했어요.

오늘 아침에는 아주 바빴습니다. 그림을 보면서 친구에게 이야기해 봅시다.

보기

가 : 오늘 아침에 무슨 일이 있었어요? 힘들어 보여요.

나 : 늦게 일어났어요. 그래서 일어나자마자 집에서 나갔어요.

1) ______________________________.

2) ______________________________.

3) ______________________________.

4) ______________________________.

5) ______________________________.

2 -느라고

동사의 어간 뒤에 붙여서 어떤 행동을 했기 때문에 같은 시간에 다른 행동을 못 했거나 부정적인 결과가 온 경우를 강조한다.

- 잠을 자느라고 숙제를 못 했다.
- 일을 하느라고 밥도 못 먹었어요.
- 병원에 갔다 오느라고 학교에 늦었어요.
- 발표 자료를 찾느라고 바빴다.

다음은 유리 씨의 생활입니다. 표를 보고 이야기해 보십시오.

유리의 생활

(9월 27일 목요일)

시간	해야 할 일	한 일	결과
2시 – 4시	숙제	친구와 영화를 봤다.	숙제를 못 했다.
5시 – 9시	아르바이트	아르바이트	힘들었다.
10시 – 11시	집안일(빨래/청소)	드라마를 봤다.	집안일을 못했다.
11시 –	일찍 잠	컴퓨터 게임을 했다.	잠을 못 잤다. 피곤하다.

선생님 : 유리 씨, 왜 오늘은 숙제를 안 했어요?
유리 : 죄송해요. 어제 오후에 친구하고 영화를 보느라고 숙제를 못 했어요.
선생님 : 그럼, 저녁에는 뭐 했어요?
유리 : 5시부터 9시까지 1) ______________ 느라고 ______________.
선생님 : 아, 그렇군요. 아르바이트 때문에 집안일 할 시간도 없겠어요.
유리 : 보통 밤에 하는데요. 어제는 2) ______________ 느라고 ______________.
드라마 끝나고 3) ______________ 느라고 잠도 잘 못 잤어요.
그래서 너무 피곤해요.

여러분도 유리 씨와 같이 요즘 생활을 간단히 쓰고 말해 봅시다.

______________의 생활

(　　월　　일　　요일)

시간	해야 할 일	한 일	결과

저는 어제(지난 주말에) 4) ______________________________.
또 5) ______________________________.

과제 1 말하기

01 영화 포스터를 보면서 친구와 이야기해 봅시다.

보기

미선 : 우리 심심한데 영화 한 편 볼까요?

요코 : 좋아요. 무슨 영화를 볼까요?

미선 : 저는 그냥 편하게 웃으면서 볼 수 있는 영화를 보고 싶어요.

요코 : 그래요? 그럼 '미녀는 괴로워'라는 코미디 영화는 어때요?

미선 : 괜찮아요. 그런데 이 '장화 신은 고양이'라는 만화 영화도 재미있을 것 같아요.

요코 : 저도 만화 영화를 좋아해요. 그럼, 우리 이 DVD를 빌려서 봐요.

과제 2 듣고 말하기

듣고 질문에 답하십시오.

01

CD 06-3

1) **들은 이야기의 제목은 무엇입니까?** (   )

❶ 좋은 영화를 만드는 방법
❷ 좋은 영화 선택 방법
❸ 영화를 재미있게 보는 방법

2) **들은 내용과 같은 것을 모두 찾으십시오.** (,)

❶ 영화를 보기 전에 예고편을 꼭 봐야 한다.
❷ 영화는 여러 장르를 골고루 보는 것이 좋다.
❸ 꼭 보고 싶은 영화는 내용을 잘 모르고 보는 것이 좋다.
❹ 주연 배우나 감독의 이름만 보고 영화를 보는 것은 좋지 않다.

02

여러분의 생각은 어떻습니까? 친구와 서로 이야기해 봅시다.

보기

저는 영화를 보기 전에 그 영화의 기본적인 내용은 알고 보는 게 좋다고 생각해요. 요즘은 어려운 내용의 영화도 많아요. 특히 심리 추리 영화는 내용을 모르고 영화를 보면 생각하느라고 내용을 잘 이해할 수 없어요. 그리고 좋아하는 배우가 나오면 그 영화는 더 즐겁게 볼 수 있기 때문에 배우 이름을 보고 영화를 보는 것도 나쁘지 않다고 생각해요.

예고
줄거리
반전
취향
비난하다
주연 배우

과제 3 읽고 쓰기

01 다음 영화 소개를 읽고 이야기해 봅시다.

조선 명탐정 : 각시투구꽃의 비밀

감독: 김석윤 출연: 김명민 개봉: 2011.1.27

이 영화에는 한국의 대표적인 연기파 배우 김명민이 주연으로 나옵니다. 이 영화의 내용은 다음과 같습니다. 조선 시대 정조 임금은 명탐정(김명민)에게 특별한 사건 하나를 수사하라고 합니다. 그런데 수사하는 첫날부터 낯선 사람들이 그를 공격합니다. 그는 개장수(오달수)의 도움으로 위기에서 벗어나고 그 이후에 그와 함께 사건을 풀어 나가기 시작합니다. 이 영화는 그 과정에서 생기는 일들을 재미있게 그리고 있습니다. 재미있는 면도 많고 조선 시대의 사회 모습도 들어 있습니다.

오달수라는 배우가 조연으로 나와서 이 영화의 재미를 더해 줍니다. 또 마지막에 생각하지 못했던 반전도 있습니다. 혹시 아직 보지 못하신 분들이 계시다면 꼭 한번 보시라고 추천하고 싶습니다.

1) **위 영화의 정보를 요약해 봅시다.**

❶ 영화 제목

: ______________________

❷ 영화의 주연 배우

: ______________________

❸ 영화의 줄거리

: ______________________

❹ 영화를 추천하는 이유

: ______________________________

02

여러분도 재미있게 본 영화가 있습니까? 다음 내용을 간단하게 쓰고 그 영화를 소개하는 글을 써 봅시다.

영화 제목	
주연 배우	
줄거리	
추천하는 이유	
위 내용을 정리해 영화를 소개하는 글을 써 봅시다.	

명탐정
연기파
사건
수사하다
위기
조연

읽어 봅시다

경음화	받침[ㄱ, ㄷ, ㅂ] + /ㄱ, ㄷ, ㅂ, ㅅ, ㅈ/ ➡ 받침[ㄱ, ㄷ, ㅂ] +[ㄲ, ㄸ, ㅃ, ㅆ, ㅉ]
• 식당[식땅]	학생 **식당**에서 점심을 먹어요.
• 걱정[걱쩡]	요즘 **걱정**이 많아서 머리가 아프다.
• 낯선[낟썬]	**낯선** 사람을 보고 아기가 울었다.
• 입고[입꼬]	새 옷을 **입고** 친구를 만나러 갔다.

문화

인기 한국 영화

요즘 한국 영화가 아주 인기가 많다고 합니다. 지금까지 나온 한국 영화 중에서 제일 인기가 많았던 영화는 무엇일까요? 다음은 관객 수가 많았던 영화들입니다.

영화를 본 관객의 수

순위	영화 제목(년도)	관객 수
1	괴물(2006년)	1,300만
2	왕의 남자(2005년)	1,200만
3	태극기 휘날리며(2004년)	1,170만
4	해운대 (2009년)	1,140만
5	실미도(2003년)	1,100만

제 7 과

배우들의 연기가 정말 훌륭하던데요

- **학습 목표** 공연 감상을 이야기할 수 있다.
- **어휘** 훌륭하다, 주방 도구, 두드리다, 원래, 얻다, 세계적이다 /감상 관련 어휘
- **문법** -던데요, -는다면서요?
- **과제** 공연 감상 쓰고 말하기
  공연 정보 듣고 말하기
  공연 안내 읽고 말하기

1. 여러분은 공연 보는 것을 좋아합니까?
2. 지금까지 본 공연 중에서 제일 기억에 남는 것은 무엇입니까?

CD 07-1, 2

슈테판 　와! 정말 신 나는 공연이었어요.

영주 　배우들의 연기가 정말 훌륭하던데요.

슈테판 　저는 주방 도구들을 두드리는 것을 보고 사물놀이가 생각났어요.

영주 　맞아요. 난타는 원래 사물놀이에서 아이디어를 얻은 거래요.

슈테판 　그렇군요. 참, 난타가 이제는 세계적으로도 유명하다면서요?

영주 　네, 여러 나라에서 공연되면서 많이 알려졌대요.

훌륭하다
주방 도구
두드리다
원래
얻다
세계적이다

어휘

신 나다, 감동적이다, 인상적이다, 실감 나다, 환상적이다, 지루하다

관계있는 단어들을 연결해 봅시다.

보기 신 나다	-----	춤을 추고 싶다/즐겁다
1) 감동적이다		재미없다/ 졸리다
2) 인상적이다		눈물이 난다/마음이 움직인다
3) 실감 나다		기억에 오랫동안 남는다
4) 지루하다		진짜인 것 같다
5) 환상적이다		꿈을 꾸는 것 같다

빈칸에 알맞은 말을 쓰십시오.

나는 문화생활을 많이 하는 편이다. 제일 기억에 남는 공연은 '난타'이다. 주방 도구들을 두드리는 모습을 보면서 너무 신 나서 ~~어서/아서/여서~~ 나도 모르게 어깨를 흔들었다.

최근에 본 뮤지컬 '로미오와 줄리엣'도 참 좋았다. 남녀 주인공의 시대를 뛰어넘는 사랑 이야기가 너무 1) ____________ 어서/아서/여서 눈물이 났다. 또 두 주인공이 비 오는 거리에서 서로를 찾아다니는 모습은 지금도 생각이 날 정도로 2) ____________ 었다/았다/였다.

어제 본 '효녀 심청'이라는 연극도 괜찮았다. 심 봉사 역할을 한 배우가 너무 3) ____________ 게 연기를 해서 진짜 눈이 안 보이는 사람 같았다. 하지만 뒷부분은 이야기가 길어져서 재미가 없고 좀 4) ____________ 었다/았다/였다.

지난주에 개봉한 영화 '해리포터' 마지막 편도 봤다. 빗자루를 타고 하늘을 날아다니는 모습은 마치 동화 속에 들어와 있는 것처럼 5) ____________ 은/ㄴ 느낌을 주었다.

문법

1 -던데요

동사나 형용사의 어간 뒤에 붙여서 과거에 자기가 직접 보거나 느낀 사실을 지금 설명하듯이 이야기하거나 그때 경험한 것에 대해 감탄하듯이 말할 때 사용한다.

- 지난주에 보니까 설악산 단풍이 아주 예쁘던데요 .
- 어제 명동에 갔는데 사람들이 참 많던데요.
- 영수 씨 집에 가 보니까 큰 개가 있던데요.
- 친구들과 노래방에 갔는데 수미가 노래를 아주 잘하던데요.

어제 학교 앞에 새로 생긴 식당에 갔습니다. 식당에서 본 것을 친구에게 이야기해 봅시다.

친구 : 어제 학교 앞에 새로 생긴 식당에 갔다고 들었는데 어땠어요?
나 : 1시 반쯤에 갔는데 식당 앞에 손님들이 줄을 길게 서 있던데요.
친구 : 사람들이 많았나 봐요.
나 : 네. 식당 안에 들어가니까 1) ____________ 던데요.
그리고 주인이 2) ____________ 던데요.
친구 : 음식은 어땠어요?
나 : 음식 양이 3) ____________. 그리고 4) ____________.
그리고 반찬들도 5) ____________.

2 -는다면서요/ㄴ다면서요?, 다면서요?

동사나 형용사의 어간 뒤에 붙여서 다른 곳에서 들은 사실을 상대방에게 확인하며 물어볼 때 쓴다. 동사의 어간이 자음으로 끝나면 '-는다면서요?'를 쓰고 모음으로 끝나면 '-ㄴ다면서요?'를 쓴다. 형용사의 어간이나 시제 형태 뒤에는 '-다면서요?'를 쓴다. '명사+이다' 뒤에서는 '-이라면서요?'를 쓰는데 명사가 모음으로 끝나면 '이'가 생략되어 '명사+라면서요?'로 쓴다.

- 가 : 오늘이 생일이라면서요? 나 : 네, 맞아요. 어떻게 아셨어요?
- 가 : 요즘 많이 바쁘시다면서요? 나 : 네, 일 때문에 밥 먹을 시간도 없어요.
- 가 : 어제 음악회에 갔다 왔다면서요? 나 : 네, 공연이 아주 감동적이었어요.
- 가 : 영수 씨가 회사를 그만둔다면서요? 나 : 그래요? 저는 아무 말도 못 들었는데요.

다른 나라에 대해 들은 것을 간단히 쓰고 친구들에게 확인해 봅시다.

	확인하고 싶은 것
한국	시험 보는 날은 미역국을 안 먹는다.
중국	중국에서는 벽시계를 선물하지 않는다.
일본	일본 사람들은 개보다 고양이를 좋아한다.

보기

가 : 한국 사람들은 시험 보는 날 미역국을 안 먹는다면서요?
나 : 네, 미역국을 먹으면 시험에 미끄러져서 떨어진다고 생각해요.

과제 1 쓰고 말하기

01 여러분이 소개하고 싶은 공연은 무엇입니까? 그 공연에 대해 메모하고 소개하는 글을 써 봅시다.

	보기	나
공연명	뮤지컬 맘마미아	
공연에서 기억에 남는 것	'아바'의 노래들, 배우들의 연기, 뛰어난 무대장치	
공연을 본 느낌	노래, 의상, 이야기, 무대, 배우들의 연기가 잘 어울린 훌륭한 공연	

보기

저는 작년에 본 뮤지컬 맘마미아를 소개하고 싶어요. 이 공연은 아름다운 사랑 이야기였어요. 무엇보다도 저는 이 뮤지컬에 나오는 '아바'의 노래들이 정말 인상적이었어요. 음악으로만 듣던 노래를 이야기와 함께 들으니 더욱 더 감동적이었어요. 배우들의 연기, 노래 실력도 너무 좋았어요. 특히 마지막에 여자 주인공이 노래하는 장면은 잊을 수 없을 것 같아요. 또 무대도 잘 꾸며져 있어서 정말 환상적인 느낌을 주었어요. 노래, 의상, 이야기, 무대 그리고 배우들의 연기까지 모두가 훌륭했다고 생각해요.

의상

02 쓴 내용을 발표해 봅시다.

문화

공연의 거리 대학로

대학로는 종로구 혜화동에 있는 거리로 예전에 서울대학교가 있었던 곳입니다. 1975년에 학교가 옮겨지고 거기에 마로니에 공원이 만들어지면서 그곳을 중심으로 연극, 콘서트, 뮤지컬 등을 하는 극단과 극장들이 생겨났습니다. 이제는 여러 야외 공연장과 풍류 마당에 문화 예술을 즐기려는 사람들의 발길이 끊이지 않는 곳이 되었습니다. 이런 문화 시설 이외에도 유명한 맛집들도 많아서 미식가들의 입맛을 자극하는 곳이기도 합니다. 한국의 연극 한 편을 보고 싶다면 대학로로 오십시오!!

과제 2 듣고 말하기

듣고 질문에 답하십시오.

01

CD 07-3

1) 들은 이야기는 무엇입니까? ( )

❶ 광고 ❷ 전화 ❸ 뉴스 ❹ 강의

2) 들은 내용에 맞게 연결하십시오.

❶ 공연자: 조지 윈스턴	종류: 가야금 연주	감성적이다
❷ 공연자: 비보이들	종류: 피아노 연주	신 난다
❸ 공연자: 정민아	종류: 비보이 대회	인상적이다

3) 들은 내용과 같으면 ○, 다르면 ×표 하십시오.

❶ 조지 윈스턴의 공연은 한국 팬들의 취향에 맞게 연주될 것이다. ( )

❷ 비보이 대회는 16개 도시에서 동시에 열리게 된다. ( )

❸ 정민아는 가야금을 전통적인 느낌으로 연주한다. ( )

02

소개한 공연 중에서 보고 싶은 공연이 있습니까? 왜 그 공연을 보고 싶습니까? 친구와 이야기해 봅시다.

감성적이다
가야금

과제 3 읽고 말하기

01 다음 글을 읽고 질문에 답하십시오.

1) 빈칸에 알맞는 단어를 찾아서 써 보십시오.

세계인과 함께하는

'보이는 국악'

일시	2013.11.30-12.1
장소	국립 극장 내 청소년 하늘극장
공연료	3만 원
공연 시간	11월 30일 4:30/7:00 12월 1일 2:00/4:30/7:00
작품 소개	공연에 대한 외국어 자막이 있어서 외국인 학생들, 근로자들과 같이 볼 수 있습니다. 전통적인 국악을 현대적인 느낌으로 연주합니다.

만든 사람 프로듀서 곽준희 제작 감독 김진석 연출 김지훈 음악 감독 박승희

뮤지컬

"내 마음의 풍금"

( ) 2013. 7. 16 - 8. 28

( ) 아트홀

( ) 평일 8시 / 토, 일요일 3시, 7시 (월요일 쉼)

* 매주 금요일, 토요일은 일본어 자막이 있습니다.

( ) R석 60,000원 / S석 40,000원

티켓 예매 앤파크 1544-1111 / A마켓 1599-0111

공연 문의 (02) 744-2588

홈페이지 www.musical-organ.co.kr

( ) 이병헌, 전도연 주연의 영화를 원작으로 한 작품

2010년 이후로 4년째 극본상, 연출상, 무대 미술상 등을 수상한 작품

누구나 공감할 수 있는 순수한 첫사랑 이야기~!

2) '보이는 국악'에 대한 설명으로 맞지 않는 것은 무엇입니까? ( )

❶ 공연 기간은 이틀이다.
❷ 이 공연은 현대 음악을 연주한다.
❸ 좌석에 관계없이 3만 원으로 볼 수 있다.
❹ 한국어를 모르는 외국인 친구와 보기 좋은 공연이다.

3) '내 마음의 풍금'에 대한 설명으로 맞는 것을 모두 고르십시오. (,)

❶ 월요일에는 공연이 없다.
❷ 평일에는 일본어 자막이 있다.
❸ 이 뮤지컬은 영화로 만들어질 것이다.
❹ 많은 상을 받은 작품이다.

02

여러분은 어떤 공연을 보고 싶습니까? 왜 그 공연을 보고 싶습니까? 친구와 이야기해 봅시다.

국악
자막
원작
수상하다
공감하다

읽어 봅시다

구개음화 받침 /ㄷ, ㅌ/ + [이, 히] ➡ [지, 치]	
• 맏이[마지]	형제 중에 **맏이**가 제일 작다.
• 같이[가치]	친구와 **같이** 걸어갔습니다.
• 끝이[끄치]	이 이야기는 **끝이** 없다.
• 닫히다[다치다]	가게 문이 **닫혀** 있어요.

제 8 과 밥도 먹이고 같이 놀아 주기도 해요

- **학습 목표** 봉사 활동 경험에 대해서 표현할 수 있다.
- **어휘** 동아리, 보육원, 돌보다, 먹이다 / 봉사 활동 시설 관련 어휘
- **문법** 사동, -을까 봐
- **과제** 할 수 있는 봉사 활동에 대해서 말하기
  봉사 활동에 대한 대화 듣고 쓰기
  봉사 활동 모집 광고문 읽고 말하기

1. 봉사 활동에는 어떤 것이 있습니까?
2. 여러분은 봉사 활동을 해 본 적이 있습니까?

CD 08-1, 2

슈테판	영주 씨, 주말마다 봉사 활동을 하러 간다면서요?
영주	네, 동아리 친구들과 보육원에 가요.
슈테판	보육원에요? 그럼 아이들을 돌보는 일을 하나요?
영주	네, 아이들에게 밥도 먹이고 같이 놀아 주기도 해요.
슈테판	저도 아이들을 좋아해서 그런 일을 해 보고 싶었어요.
영주	그럼 같이 가요. 슈테판 씨에게 부담을 줄까 봐 말하지 않았거든요.

동아리

보육원

돌보다

먹이다

어휘

양로원

보육원

장애인 시설

공부방

무료 급식소

무료 진료소

빈 칸에 알맞은 말을 쓰십시오.

우리 가족은 주위에 있는 사람에게 도움이 되는 일을 하고 싶어서 모두 봉사 활동을 한다. 의사이신 아버지께서는 병원이 쉬는 날마다 무료 진료소 ~~을/를~~ 열어서 생활이 어려운 분들의 건강을 돌봐 주신다. 어머니는 미용 기술을 배우신 후 1)__________________에 가서 할아버지, 할머니들의 머리를 잘라 드리고 염색도 해 드린다. 또 식사를 제대로 못하시는 분들을 위해 2)__________________에서 식사를 만들고 나눠 드리는 일도 하신다. 대학원에 다니는 오빠는 부모님이 직장에 다니는 아이들을 위해 3)__________________에서 숙제를 도와주고 공부를 가르친다. 언니는 4)__________________에 가서 몸이 불편한 분들을 도와 드린다. 나는 5)__________________에 가서 외로운 아이들에게 노래와 춤을 가르치면서 같이 놀아 준다.

문법

1 사동

동사의 어간에 '이, 히, 리, 기, 우, 추' 등을 붙여서, 다른 사람이나 동물에게 어떤 행위를 하게 하거나 그 상태에 이르도록 하는 의미를 나타내는 사동사를 만들 수 있다.

[사동]					
	-이- :	보다 - 보이다	먹다 - 먹이다	죽다 - 죽이다	끓다 - 끓이다
	-히- :	앉다 - 앉히다	읽다 - 읽히다	입다 - 입히다	눕다 - 눕히다
	-리- :	살다 - 살리다	알다 - 알리다	울다 - 울리다	듣다 - 들리다
	-기- :	웃다 - 웃기다	벗다 - 벗기다	남다 - 남기다	맡다 - 맡기다
	-우- :	자다 - 재우다	타다 - 태우다	깨다 - 깨우다	서다 - 세우다
	-추- :	늦다 - 늦추다	맞다 - 맞추다		

- 저에게 사진 좀 보여 주세요.
- 어머니가 아이에게 옷을 입혀요.
- 할머니는 우리들에게 옛날이야기를 들려주셨다.
- 내일은 일찍 출근해야 하니까 아침 6시에 깨워 주세요.

유리 씨가 어린이 병원에서 봉사 활동을 합니다. 다음 시간표를 보고 유리 씨가 할 일을 이야기해 봅시다.

먹이다
죽이다
끓다
앉히다
읽히다
입히다
눕다
눕히다
살리다
울리다
웃기다
벗기다
재우다
태우다
깨다
깨우다
늦추다
맞추다

어린이 환자의 오후 시간표	유리 씨가 할 일
보기 12: 00 점심을 먹는다.	어린이에게 점심을 먹여요.
1) 12: 30 약을 먹는다.	
2) 1: 00 낮잠을 잔다.	
3) 2: 00 일어난다.	
4) 3: 00 휠체어를 타고 산책하러 간다.	
5) 4: 00 목욕을 한다.	
6) 4: 30 환자복을 갈아입는다.	

2 -을까/ㄹ까 봐

동사나 형용사의 어간 뒤에 붙여서, 앞의 일이나 상황이 생길 것 같아 걱정이 돼서 뒤의 행동을 하는것을 나타낸다. 자음으로 끝나는 동사나 형용사의 어간 뒤에는 '-을까 봐'를, 모음으로 끝나는 동사나 형용사의 어간 뒤에는 '-ㄹ까 봐'를 사용한다.

- 시험이 어려울까 봐 걱정이다.
- 은행이 오후에는 복잡할까 봐 오전에 갔다 왔어.
- 보고 싶은 영화 표가 매진될까 봐 일찍 예매했어요.
- 친구가 우리 집을 못 찾을까 봐 마중 가려고 해요.

걱정을 많이 하는 사람이 여행을 가려고 합니다. 무엇을 준비했습니까? 이야기해 봅시다.

보기 아침에 일어나지 못할까 봐 시계를 가지고 가요.

1) 여행 가서 배가 아플까 봐 ______________________.

2) ______________________.

2) ______________________.

4) ______________________.

5) ______________________.

과제 1 말하기

01 여러분은 어떤 특기나 취미가 있습니까? 메모해 봅시다.

보기 마이클	나
 • 노래 부르기를 좋아한다. • 기타를 칠 수 있다. • 영어를 할 수 있다.	

02 위의 특기나 취미를 이용해서 다음 시설에서 할 수 있는 봉사 활동을 이야기해 봅시다.

양로원 　보육원 　장애인 시설 　공부방 　무료 진료소 　무료 급식소

보기

저는 기타를 치면서 노래 부르기를 좋아합니다. 그래서 양로원에 가서 할아버지, 할머니들께서 좋아하시는 노래를 불러 드릴 수 있습니다. 그리고 보육원에 가서 아이들에게 동요를 가르칠 수 있습니다. 또 공부방에 가서 아이들에게 영어를 가르칠 수 있습니다. 특히 노래를 부르면서 영어를 가르치면 더 즐거울 것 같습니다.

과제 2 듣고 쓰기

듣고 질문에 답하십시오.

01

CD 08-3

1) **두 사람은 무엇에 대해 이야기하고 있습니까?** (   )

❶ 유학 생활을 잘하는 방법
❷ 자원봉사 활동의 종류와 장점
❸ 자원봉사 활동 정보를 찾는 방법
❹ 양로원에서 할 수 있는 봉사 활동

2) **남자가 자원봉사 활동을 추천하는 이유를 모두 고르십시오.** (,)

❶ 좋은 경험이 된다.
❷ 외국어 실력이 는다.
❸ 보람을 느낄 수 있다.
❹ 생활이 지루하지 않다.
❺ 한국인과 가족이 될 수 있다.

3) **들은 내용과 같으면 ○, 다르면 ×표 하십시오.**

❶ 여자는 한국말에 자신이 있다. (   )
❷ 여자는 한국에서 봉사 활동을 하고 있다. (   )
❸ 한국말이 서툴러도 봉사 활동을 할 수 있다. (   )
❹ 여자는 이제부터 양로원 봉사 활동을 하려고 한다. (   )

02 여러분은 봉사 활동을 해 본 적이 있습니까? 그 경험을 표에 정리하고 써 봅시다.

	나
시작하게 된 동기	
언제	
어디에서	
횟수	
내용	
느낀 점	

게을러지다
보람
서투르다
어르신

과제 3 읽고 말하기

01 다음 광고를 읽고 질문에 답하십시오.

(가)

(나)

HAPPYTAT

희망의 집 고치기 같이 하실 분을 기다립니다.

해피태트는 불편한 곳에서 힘들게 사는 독거노인, 청소년, 장애인들이 더 좋은 환경에서 살 수 있게 집을 고쳐 주고 만들어 주는 자원봉사 단체입니다. '희망의 집 고치기'는 벽지, 부엌, 보일러, 문, 창, 지붕을 수리합니다.

- 기간 2013년 4월 ~ 2014년 2월 중 가능하신 날짜
- 지역 경기도 안양시
- 모집 대상 16세 이상 참가 가능함
  16세~19세는 보호자와 함께 참가해야 함
- 참가비 일반인 3만원 / 학생 2만원
- 준비물 긴 바지, 긴 양말, 등산화나 운동화, 수건
- 신청 방법 인터넷 신청 (www.happytat.co.kr)

함께하는 세상은 아름답습니다

1) 위 글은 무슨 광고입니까? (　　)

❶ 미술 학원 소개 광고
❷ 아르바이트 소개 광고
❸ 자원봉사자 모집 광고
❹ 무료 집수리 사이트 광고

2) 광고 (가)의 활동을 설명하는 글입니다. 빈칸에 알맞은 말을 쓰십시오.

보육원이나 양로원 (　　　　)에 그림을 그려서 마을을 예쁘게 (　　　　)고 희망을 주는 일을 한다. 참가비는 (　　　　)이고 오전에 3시간 동안 한다.

3) 광고 (나)에 대한 내용과 다른 것을 고르십시오. (　　)

❶ 참가비를 내야 한다.
❷ 누구든지 참가할 수 있다.
❸ 봉사 날짜는 신청자가 정할 수 있다.
❹ 어려운 이웃의 집을 고쳐 주거나 지어 주는 활동이다.

02 여러분은 위에서 소개한 곳 중 어디에서 봉사 활동을 하고 싶습니까? 친구들과 이야기해 봅시다.

벽화
꾸미다
모집 대상
참가비
독거노인
지붕
가능하다
보호자

읽어 봅시다

'ㄴ' 첨가 1 받침 + [이] ➡ 받침 + [니]	
• 속잎[송닙]	배추의 **속잎**이 파랗다.
• 꽃잎[꼰닙]	예쁜 **꽃잎**들도 그려 봐요.
• 솜이불[솜니불]	날씨가 추워져서 **솜이불**이 필요하다.
• 앞일[암닐]	**앞일**을 생각하면 걱정이 된다.

문화

외국인 자원봉사 안내 센터

한국에서 자원봉사를 하고 싶으면 시청 근처에 있는 서울 글로벌 센터에 가 보세요. 서울이나 서울 근교에 사는 외국인이면 누구나 참가할 수 있습니다. 노약자 방문 봉사 활동이나 서울 글로벌 센터의 다양한 행사 준비, 정보 제공, 행사 관리 등의 일을 도울 수 있으며 초등학생에게 문화 교육을 하기도 합니다.

문의 : http://global.seoul.go.kr/, (02) 2075-4130, 4131

제 9 과 오래 기다리게 해서 미안해요

- **학습 목표** 적절한 표현으로 사과할 수 있다.
- **어휘** 그만, 반대, 방향, 두다, 사과, 의미 / 사과 관련 어휘
- **문법** -게 하다, -는다는 것이
- **과제** 사과하는 표현으로 말하기
  실수 경험 듣고 말하기
  사과 표현에 대한 글 읽고 쓰기

1. 여러분은 실수한 적이 있습니까?
2. 실수했을 때 어떻게 합니까?

CD 09-1, 2

마이클	유리 씨, 오래 기다리게 해서 미안해요.
유리	마이클 씨, 무슨 일 있었어요?
마이클	종로로 오는 버스를 탄다는 것이 그만 반대 방향 버스를 탔어요.
유리	그랬군요. 전화도 안 받아서 걱정했어요.
마이클	휴대전화를 집에 두고 왔어요. 사과하는 의미에서 저녁은 제가 살게요.
유리	그렇게까지 안 하셔도 되는데요.

그만
반대
방향
두다
사과
의미

어휘

실수하다

사과하다

용서를 빌다

양해를 구하다

변명하다

빈칸에 알맞은 말을 쓰십시오.

유리 씨와 오랜만에 같이 영화를 보기로 했다. 그런데 내가 실수해서 ~~어서/아서/여서~~ 버스를 잘못 탔다. 전화를 걸어서 좀 기다려 줄 수 있냐고 1)______________ 으려고/려고 했지만 휴대전화가 없었다. 버스를 갈아타고 약속 장소에 가니까 유리 씨가 기다리고 있었다. 유리 씨에게 오래 기다리게 해서 미안하다고 2)______________ 었다/았다/였다. 반대 방향으로 가는 버스를 탔다고 이유를 설명했는데 3)______________ 는 것처럼 보였을까 봐 걱정이 된다. 그것보다 다음부터는 안 늦을 테니까 용서해 달라고 4) ______________ 는 게 더 좋았을지도 모르겠다.

문법

1 -게 하다

동사의 어간 뒤에 붙여서, 다른 사람에게 어떤 행위를 하도록 시키거나 그러한 상태가 되도록 함을 나타낼 때 사용한다.

- 어머니가 아이에게 혼자 밥을 먹게 했다.
- 선생님께서 학생들에게 자리를 바꾸게 하셨어요.
- 우리 고등학교에서는 머리 염색을 못 하게 했어요.
- 그 사람은 이상한 농담을 해서 나를 화나게 해요.

부모님은 여러분에게 무엇을 하게 하셨습니까? 또 무엇을 못 하게 하셨습니까? 이야기해 봅시다.

상황	하게 한 일	못 하게 한 일
초등학교 때	날마다 일기를 쓰게 하셨다.	
중·고등학교 때		하루에 1시간 이상 게임을 못 하게 하셨다.
윗사람을 만났을 때		
사람이 많은 곳에 갔을 때		
식사할 때		
공부할 때		

보기

초등학교 때는 날마다 일기를 쓰게 하셨어요.

중·고등학교 때는 하루에 1시간 이상은 컴퓨터 게임을 못 하게 하셨어요.

2 -는다는/ㄴ다는 것이

동사, 형용사의 어간 뒤에 붙여서, 처음에 하려고 했던 의도와는 달리 뒤에 다른 행동을 하거나 다른 결과가 나타났음을 의미한다. 자음으로 끝나는 동사의 어간 뒤에는 '-는다는 것이', 모음으로 끝나는 동사의 어간 뒤에는 '-ㄴ다는 것이'를 사용한다.

- 찌개에 소금을 넣는다는 것이 설탕을 넣었다.
- 다 쓴 종이를 버린다는 것이 중요한 서류를 버렸다.
- 친구 이름을 적는다는 것이 그만 내 이름을 적었어요.
- 친구에게 문자 메시지를 보낸다는 것이 실수로 선생님께 보냈어요.

다음은 샤오밍 씨가 실수한 이야기입니다. 그림을 보고 실수한 내용을 써 봅시다.

보기

1

2

3

4

5

오늘은 사장님 앞에서 신제품 아이디어를 발표하는 날이었다. 그런데 자명종 소리를 못 들어서 7시에 일어난다는 ~~는다는/ㄴ다는~~ 것이 8시에 일어났다.

잠을 깨기 위해 단 커피를 마시기로 했다. 그런데 1)__________ 는다는/ㄴ다는 것이__________. 커피가 짜서 마시지 못하고 급하게 옷을 입고 나왔다. 새 양복을 입었다고 생각했는데 밖에서 보니 10년 된 양복이었다. 2)__________ 는다는/ㄴ다는 것이 __________.

시간이 없어서 버스 정류장으로 뛰어가서 서 있는 버스를 탔다. 그때 또 실수를 했다. 3)__________. 기사님이 깜짝 놀라셨다. 조금 후에 정신을 차려 보니까 버스는 회사와는 다른 쪽으로 가고 있었다. 4)__________. 택시로 갈아타고 회사에 도착해서 회의실로 달려갔다. 발표하려고 가방을 여니까 발표 자료는 없고 요즘 공부하는 한국어 교과서가 들어 있었다. 5)__________.

과제 1 말하기

01 여러분은 다음과 같은 상황에서 어떻게 사과하시겠습니까? 사과 표현을 이용해 친구와 대화해 봅시다.

사과 표현

- 정말 미안합니다.
- 미안해서 어떻게 하지요?
- 정말 죄송합니다.
- 진심으로 사과드립니다.
- 너무 죄송해서 뭐라고 말씀 드려야 할지 모르겠습니다.

〈상황〉

1. 친구에게 한턱내기로 했는데 지갑을 안 가지고 왔다.
2. 친구한테서 빌린 책을 잃어버렸다.
3. 친구의 옷에 커피를 쏟았다.
4. 노래 연습을 하는데 이웃 사람이 조용히 해 달라고 찾아왔다.
5. 같이 저녁을 먹기로 했는데 약속 장소에 못 나갔다.
6. 친구에게 카메라를 빌려 주기로 했는데 깜빡 잊고 가지고 오지 않았다.

보기

가: 저, 미안해서 어떡하지요? 오늘 제가 한턱내겠다고 했는데 지갑을 안 가지고 왔어요. 어제 입었던 옷에 들어 있는 것 같아요.

나: 아, 그래요? 할 수 없지요, 뭐. 그럼 오늘은 제가 살게요.

가: 정말 미안합니다. 다음에 제가 크게 한턱낼게요.

과제 2 듣고 말하기

듣고 질문에 답하십시오.

01

CD 09-3

1) **무엇에 대한 대화입니까? (　　　)**

❶ 인사　　❷ 실수

❸ 부탁　　❹ 사과

2) **들은 내용과 같으면 ○, 다르면 ×표 하십시오.**

❶ 제임스는 친구의 어머니를 "어머니"라고 불렀다. (　　)

❷ 제임스는 친구의 어머니께 죄송하다고 생각한다. (　　)

02

CD 09-4

1) **왜 이런 실수를 했습니까? 쓰십시오.**

2) **들은 내용과 같으면 ○, 다르면 ×표 하십시오.**

❶ 아주머니는 샤오밍 씨가 회사 모임에서 실수할까 봐 가르쳐 주었다. (　　)

❷ 샤오밍 씨는 모르는 것이 있어도 혼자 해결하겠다고 말했다. (　　)

03

여러분도 한국어나 한국 문화를 몰라서 실수한 적이 있습니까? 그 실수를 한 후에 어떻게 했습니까? 이야기해 봅시다.

보기

저도 처음에 말실수를 많이 했어요. 부탁을 할 때는 "-해 주세요"라고 해야 하는데 그걸 모르고 수업 시간에 선생님께 "단어를 칠판에 쓰세요", "다시 한 번 설명하세요"라고 했어요. 나중에 제가 잘못한 걸 알고 선생님께 사과드렸어요.

여쭈어 보다
번역하다

과제 3 읽고 쓰기

01 다음 글을 읽고 질문에 답하십시오.

우리는 자신의 실수나 잘못에 대해 사과하기를 부끄러워하고 힘들어하는 경우가 많다. 그러나 사람들은 사과하는 사람에게 더욱 믿음을 갖게 된다고 한다. 그것은 스스로 자신의 잘못을 인정하고 용서를 구하는 것이기 때문이다. 사과 표현에는 다음과 같은 말들이 있다.

첫째, "미안해." 이것은 가장 많은 사람들이 하는 말이지만 사과의 완성이라고 할 수 없다. "아, 그래, 미안해"라고 가볍게 할 수 있는 말이기 때문이다.

둘째, "내가 말을 심하게 해서 미안해." 이것은 잘못을 설명하는 방법이니까 위의 말보다는 낫다.

셋째, "내가 잘못했어." 이것은 자신의 실수나 잘못을 인정하는 사과이다.

넷째, "다시는 안 그럴게." 사과를 한 후에 앞으로의 행동에 대해 약속을 하는 것이다.

다섯째, "나 용서해 줄 수 있어?" 사과의 마지막에 붙는 말이다. 이것은 용서를 빌고 서로의 관계를 발전시키려는 노력이다.

반대로, 사과할 때 하면 안 되는 표현도 있다.

"그러나"나 "만약 기분이 나쁘셨다면 사과하겠습니다." 등이다. 이 말들은 상대방에게도 잘못이 있다는 느낌을 주거나 자신의 잘못을 인정하기 어렵다는 의미가 들어 있다. 이것은 진정한 사과라고 할 수 없다.

이와 같이 사과를 할 때는 상대방의 잘못을 따지지 말고 자신의 잘못만을 사과해야 한다. 그러면 상대방도 자연스럽게 "그래, 나도 잘못했어."라고 사과를 하고 받을 수 있기 때문이다.

1) 위 글의 제목으로 알맞은 것을 고르십시오. (　　)

❶ 실수하지 않는 방법
❷ 사과를 잘하는 방법
❸ 인간관계에 성공하는 방법
❹ 다른 사람에게 믿음을 얻는 방법

2) 위 글에서 진정한 사과가 아닌 표현은 무엇입니까? 그리고 이유를 찾아서 쓰십시오.

표현	
이유	

3) 위 글의 내용과 같으면 ○, 다르면 ×표 하십시오.

❶ "용서해 줄 수 있어?"는 앞으로의 관계를 더 좋게 만들 수 있는 표현이다. (　　)

❷ 사과를 잘하려면 먼저 서로의 잘못을 잘 따져 보고 해야 한다. (　　)

02 다음은 사과 편지입니다. 읽고 질문에 답하십시오.

미연에게
미연아, 정말 미안해.
네 생일을 깜빡 잊어버린 것을 용서해 줘.
요즘 회사 다니면서 학교 공부도 하느라고 바빠서 그랬나 봐.
많이 섭섭했지?
그 대신 이번 크리스마스엔 내가 멋진 파티를 준비할게.
그리고 다음 생일 땐 달력에 색연필로 표시해서 절대로 잊지 않도록 할게.

2012년 11월 30일
영주가

1) 위 편지는 무엇에 대해 사과하고 있습니까? 쓰십시오.

2) 여러분도 편지로 사과의 글을 써 보십시오.

믿음
인정하다
완성
낫다
발전시키다
상대방
진정하다
따지다
깜빡
섭섭하다
표시하다
절대로

에게(께)

년 월 일
이/가 (올림)

읽어 봅시다

'ㄴ' 첨가 2 받침 + [야, 여, 요, 유] ➡ 받침 + [냐, 녀, 뇨, 뉴]	
• 내복약[내봉냑]	**내복약**이란 먹는 약을 말한다.
• 색연필[생년필]	친구 생일을 달력에 **색연필**로 표시했다.
• 담요[담뇨]	친구에게 무릎 **담요**를 선물했다.
• 식용유[시굥뉴]	튀김 요리를 하려고 **식용유**를 샀다.

제 10 과 내가 사다가 줄까요?

- 학습 목표　환경 보호 노력에 대해 이해하고 표현할 수 있다.
- 어휘　봉투, 따로, 번거롭다, 금방, 익숙해지다/ 쓰레기 처리 관련 어휘
- 문법　-어다가, -도록 하다
- 과제　쓰레기 분리 배출 방법에 대해서 말하기
  환경 보호 노력에 대한 대화 듣고 말하기
  환경 보호 관련 글 읽고 쓰기

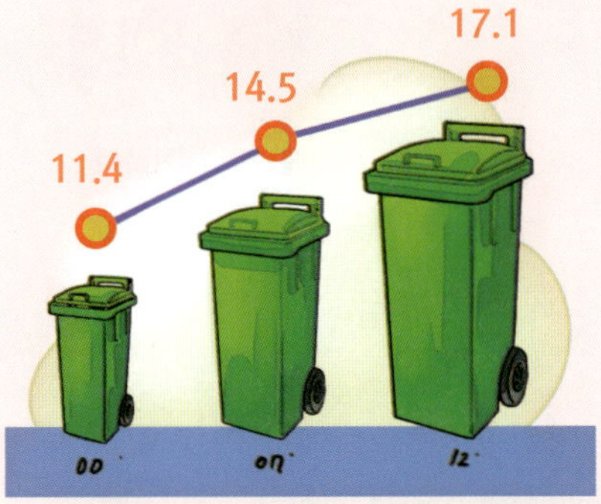

음식물 쓰레기 총 발생량(천 톤/일)

1. 여러분은 쓰레기를 어떻게 버립니까?
2. 왜 쓰레기를 분리해서 버려야 합니까?

CD 10-1, 2

유리	아주머니, 음식 쓰레기를 일반 쓰레기와 같이 버려도 돼요?
아주머니	아니요, 전용 봉투에 따로따로 넣어서 버려야 해요.
유리	전용 봉투요? 그건 어디에서 사나요?
아주머니	보통 가게에서 팔아요. 내가 마트에 갈 일이 있는데 사다가 줄까요?
유리	네, 고맙습니다. 그럼, 이 쓰레기는 나중에 버리도록 할게요.
아주머니	그래요. 처음엔 좀 번거로워도 금방 익숙해질 거예요.

봉투
따로
번거롭다
금방
익숙해지다

어휘

쓰레기를 분리하다

쓰레기를 배출하다

쓰레기를 수거하다

빈칸에 알맞은 말을 쓰십시오.

우리가 환경을 보호하기 위해서 할 수 있는 일은 많이 있다. 그중에서 가장 쉽고 꼭 필요한 일이 쓰레기를 따로따로 분리해서 ~~어서/아서/여서~~ 버리는 것이다.

쓰레기는 크게 네 가지 종류로 나눌 수 있다. 종이나 병, 페트병처럼 다른 제품을 만드는 데 사용될 수 있는 1) __________, 요리할 때나 식사 후에 나오는 2)__________, 가구나 전자 제품 등의 3) __________, 그 밖에 재활용이 안 되는 4) ________________ 이다.

매일매일의 쓰레기를 잘 나누어서 정해진 시간에 정해진 장소에 5) ________________ 으면/면 쓰레기 수거차가 와서 6) ________________ 어/아/여 간다.

이렇게 하면 쓰레기를 많이 줄일 수 있고 환경도 보호할 수 있을 것이다.

문법

1 -어다가/아다가/여다가

동사의 어간 뒤에 붙여서, 일정한 장소에서 어떤 행위를 하고 나서 그것으로 얻어진 결과물을 가지고 다른 장소에서 뒤의 행위함을 나타낸다.
동사 어간 끝에 'ㅏ' 나 'ㅗ'가 결합된 음절이 있으면 '-아다가', 그렇지 않으면 '-어다가'를 쓴다. '-하' 뒤에서는 '-여다가'를 쓰는데 '해다가'로 축약해서 쓴다.

- 친구에게 책을 가져다가 주었다.
- 심심해서 만화책을 빌려다가 봤어요.
- 머리가 아픈데 약 좀 사다가 주세요.
- 김밥을 만들어다가 친구와 같이 먹을 거예요.

유리 씨가 지난주에 한 일입니다. 그림을 보고 이야기해 봅시다.

보기 편의점에서 우유를 사다가 냉장고에 넣었어요.

1) ________________________________.

2) ________________________________.

3) ________________________________.

4) ________________________________.

5) ________________________________.

2 -도록 하다

동사의 어간 뒤에 붙여서, 어떤 동작이나 상태가 일정한 상태에 도달함을 나타낸다.
명령형이나 청유형으로 쓰이면 상대방에게 지시하거나 권유하는 의미가 되고 '-도록 하겠다'로 쓰이면 말하는 사람의 의지나 다짐을 나타낸다.

- 서로 사이좋게 지내도록 하세요.
- 내일은 회의를 일찍 시작하도록 합시다.
- 약속을 잊어버리지 않도록 하겠습니다.
- 오늘 저녁까지 이 일을 끝내도록 하겠습니다.

백설 공주가 일곱 친구들을 걱정합니다. 대화를 완성해 봅시다.

보기 친구 1 • 운동하지 않음
1) 친구 2 • 아침에 늦게 일어남
2) 친구 3 • 음식을 짜게 먹음
3) 친구 4 • 학교 성적이 떨어짐
4) 친구 5 • 컴퓨터 게임을 많이 함
5) 친구 6 • 청소를 깨끗이 하지 않음
6) 친구 7 • 집에 너무 늦게 돌아옴

보기

백설 공주 : 운동을 열심히 하도록 하세요.
친구 1 : 네, 오늘부터 운동을 열심히 하도록 하겠습니다.

과제 1 말하기

01 다음은 쓰레기 분리 배출 안내문입니다. 여러분 나라의 방법과 비교해서 이야기해 봅시다.

서울시 ○○동 쓰레기 배출 방법	일반 쓰레기, 재활용품	음식물 쓰레기	대형 쓰레기
배출 요일 및 시간	주 3회(월,수,금) 18:00 ~ 24:00	주 6회 (월-토)	배출을 신청하면 비용과 수거 요일을 안내해 줌.
배출 방법	일반 쓰레기 종량제 봉투 사용 재활용품 일반 비닐 봉투 사용	음식물 수거 함 사용	
배출 장소	자기 집이나 상점 정문 앞		

	보기 독일	나라 :
같은 점	쓰레기를 분리해서 배출해야 한다. 분리 방법도 비슷하다. 정해진 요일에 수거한다.	
다른 점	쓰레기의 종류에 따라 쓰레기통의 색깔이 다르다.	

보기

독일도 쓰레기를 종류에 따라 분리해서 배출해야 합니다. 쓰레기를 분리하는 방법도 비슷합니다. 음식물과 일반 쓰레기와 종이류와 유리병과 다른 재활용품을 분리합니다.

그런데 쓰레기의 종류에 따라 쓰레기통의 색깔이 다릅니다. 음식물은 갈색 통, 나무나 풀 등은 녹색 통, 일반 쓰레기는 검은색 통이나 회색 통, 재활용품은 노란색 통, 종이류는 파란색 통에 버립니다. 유리병은 병 색깔에 따라 통의 색깔도 다릅니다.

종량제
수거 함

과제 2 듣고 말하기

듣고 질문에 답하십시오.

01

CD 10-3

1) 다음 쓰레기는 썩는 데 시간이 얼마나 걸립니까?

(   )

(10-12년)

(30-40년)

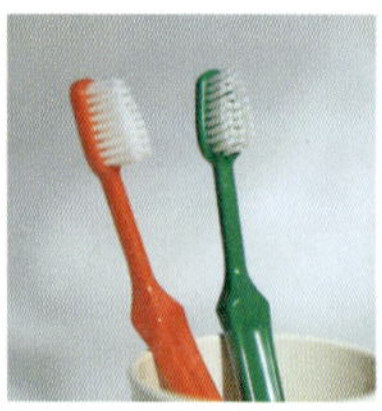

(   )

(   )

2) 이 대화의 주제는 무엇입니까? (   )

❶ 쓰레기 분리 배출 방법　　❷ 쓰레기 분리 배출의 역사
❸ 쓰레기 분리 배출 비용　　❹ 쓰레기 분리 배출의 필요성

02

CD 10-4

1) 주부들이 왜 이런 노력을 합니까? 쓰십시오.

2) 주부들의 다양한 노력입니다. 빈칸에 알맞은 말을 쓰십시오.

주부 1

음식물 쓰레기는 물기를 완전히 빼고 버린다.
귤이나 오렌지 (   )을/를 세제로 사용한다.

주부 2	전기를 쓰지 않을 때는 (　　　　)을/를 모두 끈다. 튀김 요리는 (　　　　)을/를 거의 쓰지 않는 오븐 팬에 한다. 종이컵과 화장지 대신에 (　　　　)와/과 (　　　　)을/를 사용한다.
주부 3	시장에 갈 때 (　　　　)을/를 가지고 간다. 채소는 적게 (　　　　)된 것을 선택한다.

03 여러분은 환경을 보호하기 위해 어떤 노력을 합니까? 여러분이 일상생활에서 하는 노력을 이야기해 봅시다.

가정에서	
다른 곳에서	

꼼꼼히
썩다
영향
포장 되다

과제 3 읽고 쓰기

01 다음 글을 읽고 질문에 답하십시오.

난지도

마포구 상암동에 있는 난지도는 예전에 꽃섬이라고 불릴 만큼 아름다웠다. 물이 맑고 깨끗하여 겨울이 되면 수만 마리의 철새들이 날아오는 곳이었다. 그래서 소풍 장소나 데이트 코스로도 사랑 받았던 섬이다.

그런데 1970년대에 들어 난지도를 서울의 쓰레기를 버리는 곳으로 사용하기 시작하였다. 몇 년이 지나면서 그곳에는 높이가 90여 미터쯤 되는 쓰레기 산이 두 개나 생겼다. 그 아름답던 섬에는 심한 쓰레기 냄새와 먼지만이 가득했다.

1993년 서울시와 시민들은 난지도를 다시 살리기 위해 난지도에 쓰레기 버리는 것을 멈추고 모든 노력을 다했다. 그렇게 해서 난지도의 쓰레기 산 두 개는 '하늘공원'과 '노을공원'으로 다시 태어났다. 그곳에 500여 가지의 식물이 자라고 새들이 날아오기 시작했다.

2002년에는 '월드컵 공원'도 만들어져 꽃과 나무가 가득한 자연공원이 되었다. 난지도는 이제 숲 속에서 음악회도 열리고 가족들이 산책이나 운동도 즐길 수 있는 꽃섬으로 다시 돌아왔다. 환경을 보호하려는 노력이 아름다운 자연을 다시 살려 낸 것이다.

1) **위 글에서 알 수 없는 것은 무엇입니까?** ( )

❶ 난지도의 위치 ❷ 난지도의 과거
❸ 난지도의 현재 ❹ 난지도의 미래

2) **'하늘공원'과 '노을공원'은 그전에 무엇이었습니까? 쓰십시오.**

3) **난지도의 지금 모습으로 맞지 않는 것을 고르십시오.** ( )

❶ 꽃과 나무가 가득하다. ❷ 냄새가 나고 먼지가 많다.
❸ 가족들이 산책할 수 있다. ❹ 숲 속에서 음악회가 열린다.

02 여러분 나라에도 환경 보호를 위해 변화된 곳이 있습니까? 간단하게 표에 정리하고 써 봅시다.

불리다
철새
먼지
가득하다

장소	
이름	
예전 모습	
현재 모습	

읽어 봅시다

격음화 [ㄱ, ㄷ, ㅂ, ㅈ] + [ㅎ] 또는 [ㅎ] + [ㄱ, ㄷ, ㅂ, ㅈ] ➡ [ㅋ, ㅌ, ㅍ, ㅊ]	
• 가득했다[가드캔따]	그곳에는 냄새와 먼지만 **가득했다**.
• 따뜻하다[따뜨타다]	날씨가 **따뜻해서** 산책하기 좋다.
• 빨갛다[빨가타]	단풍이 들어서 산이 **빨갛고** 노랗다.
• 귀찮다[귀찬타]	식사하고 나서 설거지하기가 **귀찮지** 않아요?

제11과

벼룩시장에 쓸 만한 게 많을 거야

- 학습 목표　한국어로 중고품을 사거나 팔 수 있다.
- 어휘　웬일, 선풍기, 아깝다, 벼룩시장 / 물품 처리 관련 어휘
- 문법　-는단 말이에요?, -을 만하다
- 과제　벼룩시장의 광고를 읽고 쓰기
  벼룩시장에서 물건 사고팔기
  중고 물건 처리에 대한 이야기 듣고 말하기

1. 여기는 무엇을 하는 곳일까요?
2. 여러분이 쓰던 물건을 팔고 싶으면 어떻게 해야 합니까?

CD 11-1, 2

유리 슈테판, 백화점에 웬일이야?

슈테판 선풍기 한 대 사려고.

유리 잠깐 쓸 건데 새 선풍기를 산단 말이야?

슈테판 음, 좀 아깝지만 중고품을 어디에서 사는지 잘 몰라서.

유리 그럼, 수요일마다 열리는 기숙사 벼룩시장에 한번 가 봐. 쓸 만한 게 많을 거야.

슈테판 그래? 한번 가 봐야겠다. 좋은 정보 알려 줘서 고마워.

웬일
선풍기
아깝다
벼룩시장

어휘

중고품 이월 상품 직거래 벼룩시장 물물교환 장터

관계있는 것을 연결하십시오.

보기 중고품 •	• 생산자와 소비자가 직접 팔고 사는 것
1) 이월 상품 •	• 제때 팔지 못하고 남아 있는 상품
2) 벼룩시장 •	• 중고품을 팔고 사는 시장
3) 직거래 •	• 물건과 물건을 서로 바꾸는 것
4) 물물교환 •	• 팔려고 하는 물건 중에서 사용한 물건
5) 장터 •	• 시장이 열리는 곳

빈칸에 알맞은 말을 쓰십시오.

미영 씨는 절약을 아주 잘하는 알뜰한 주부입니다.

가전제품은 다른 사람이 쓰던 중고품을 사서 쓰고 옷은 할인점에 가서 계절이 지난 1) ________________ 을/를 삽니다. 구청에서 매주 여는 2) ________________ 에 가서 쓰던 물건을 싸게 팔기도 합니다.

또 과일을 살 때도 산지에서 직접 3) ________________ 합니다. 지난 가을에는 대구의 과수원에서 사과를 싸게 샀다고 합니다. 또한 아기 장난감이나 물품들은 엄마들끼리 서로 4) ________________ 한다고 합니다.

미영 씨는 인터넷도 잘 활용합니다. 인터넷 사이트 중고 5) ________________ 에 가서 다른 사람들이 쓰다가 내놓은 물건을 싸게 사기도 합니다.

문법

1 -는단/ㄴ단 말이에요?, 단 말이에요?

동사, 형용사의 어간, 또는 명사형 뒤에 붙여서 상대의 말을 듣고 믿을 수 없거나 놀라서 다시 확인 질문할 때 사용한다.

동사의 어간이 자음으로 끝나면 '-는단 말이에요?'를 쓰고, 모음으로 끝나면 '-ㄴ단 말이에요?'를 쓴다. 형용사의 어간 뒤나 시제 표현 뒤에는 '-단 말이에요?'를 쓴다.

- 가: 날씨가 너무 추워서 한강이 얼었대요.
  나: 그렇게 춥단 말이에요? 옷을 더 따뜻하게 입어야겠어요.
- 가: 냉장고에 있던 피자를 내가 다 먹었어.
  나: 정말? 그 많은 걸 혼자 다 먹었단 말이야?
- 가: 제임스 씨는 어제도 도서관에서 12시까지 공부하던데….
  나: 시험도 끝났는데 그렇게 열심히 공부한단 말이에요?
- 가: 내일은 꼭 등산을 갈 거야.
  나: 아니, 날씨가 이렇게 추운데 진짜 등산을 가겠단 말이에요?

기네스북 사진을 보고 친구와 이야기해 봅시다.

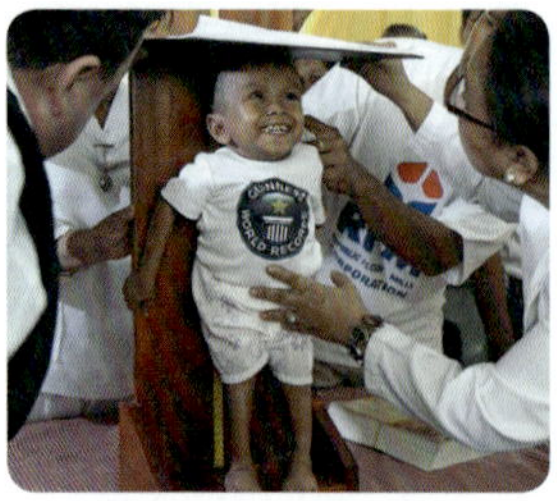

(1) 필리핀 16세 소년
60cm

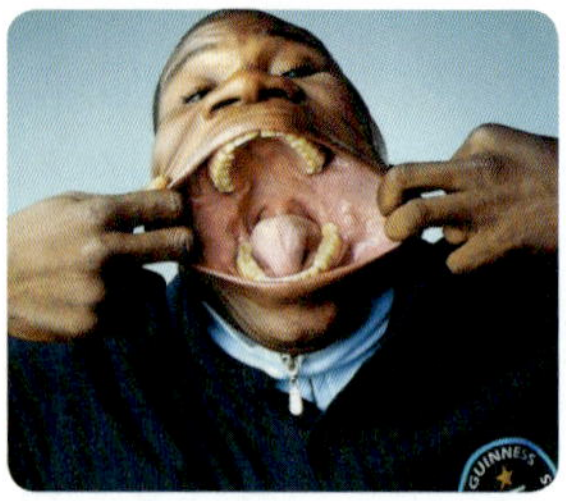

(2) 가장 큰 입의 앙골라 남자
16cm

(3) 가장 큰 잔(미국)
커피 32,160잔이 들어감

(4) 가장 무거운 호박
무게 821kg

(5) 페트병 26,000개
모은 영국의 개

(6) 가장 큰 신발
548cm

보기

가 : 세계에서 가장 작은 사람이 누구인지 아세요?

나 : 모르겠는데요. 누구예요?

가 : 기네스북에 나와 있는데요. 필리핀에 사는 남자로 60cm래요.

나 : 어머나, 그렇게 작단 말이에요? 제 키의 반도 안 되네요.

2 -을/ㄹ 만하다

동사 어간 뒤에 붙여서 어떤 행위를 해도 괜찮거나 그만한 가치가 있다고 말할 때 사용한다.
동사 어간이 자음으로 끝나면 '-을 만하다'를 쓰고, 모음으로 끝나면 '-ㄹ 만하다'를 쓴다.

- 이번에 새로 나온 그 가수의 노래가 들을 만해요.
- 이 옷은 오래 전에 산 것이지만 아직 입을 만해요.
- 주말에 가 볼 만한 전시회가 있으면 추천해 주세요.
- 벼룩시장에 가면 쓸 만한 물건들이 많아요.

전주에서 할 만한 것을 친구에게 소개하십시오.

추천 여행지 : 전주			
유명한 관광지	 한옥 마을	구경거리	 술 박물관
맛있는 음식 / 유명한 음식	 비빔밥  콩나물국밥	숙소	 한옥 민박 집

가 : 이번 방학에 전주에 가려고 하는데 어디를 구경하면 좋을까요?

나 : 보기 한옥 마을이 구경할 만해요. 여러 가지 문화 체험을 할 수도 있어요.

1) 가 : 전주에서 맛있는 음식을 추천해 주세요.

나 : ______________________ 을/ㄹ 만해요.

2) 가 : 특별한 구경거리는 뭐가 있어요?

나 : ______________________.

3) 가 : 잠은 어디에서 자는 게 좋은가요?

나 : ______________________.

여러분의 고향에 대해서도 표에 간단하게 쓰고 친구와 이야기해 봅시다.

내 고향 / 추천하고 싶은 곳 :			
유명한 관광지		구경거리	
추천하고 싶은 음식		숙소	

4) 가: ________ 씨 고향에서는 무슨 음식이 유명해요?

나: ______________________ 을/ㄹ 만해요.

5) 가: 구경할 만한 관광지가 있어요?

나: ______________________.

과제 1 읽고 쓰기

01 다음은 게시판에 물건을 파는 광고입니다. 읽고 질문에 답하십시오.

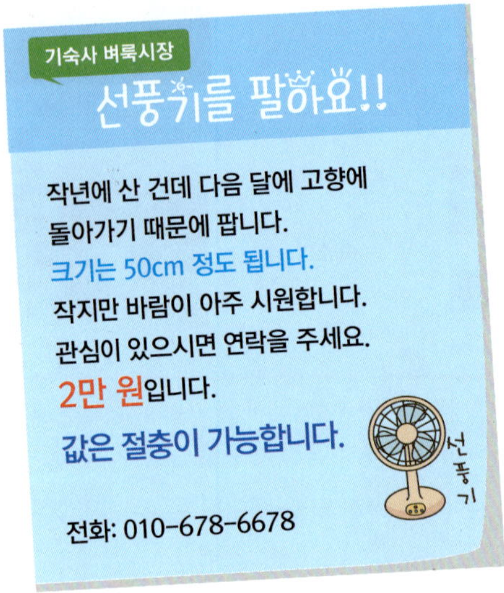

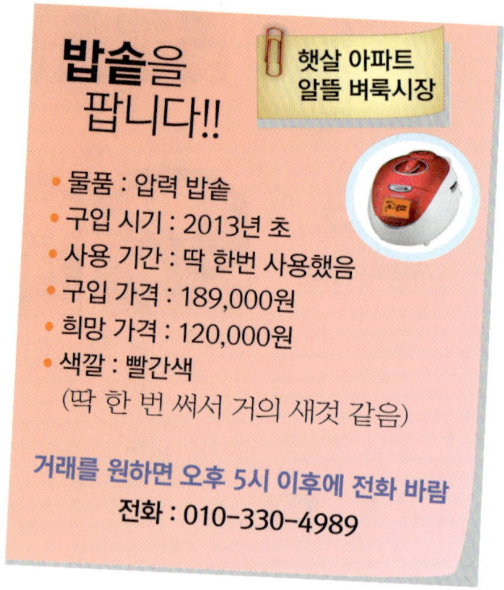

1) **위 광고는 어떤 물건을 팔기 위해서 썼습니까?**

2) **위 광고의 내용과 같은 것은 무엇입니까? 모두 찾으십시오.(　　,　　)**

❶ 선풍기는 아주 크다.

❷ 이 선풍기는 한 번 수리를 했다.

❸ 이 선풍기는 2만 원보다 싸게 살 수도 있다.

❹ 밥솥은 오래 썼기 때문에 싸게 파는 것이다.

❺ 밥솥을 사고 싶으면 5시 이후에 전화해야 한다.

02 여러분도 팔고 싶은 물건이 있습니까? 그 물건을 파는 광고를 써 봅시다.

절충
물품
압력 밥솥
희망 가격

대학교 벼룩시장

· 물품:
· 구입 시기:
· 사용 기간:
· 구입 가격:
· 희망 가격:
· 설명:
· 전화:

과제 2 말하기

01 여러분이 고향에 돌아갈 때 팔고 싶은 물건이 있습니까? 무엇입니까? 간단하게 써 봅시다.

보기 팔고 싶은 물건: 선풍기, 밥솥, 작은 냉장고 ……

- 내가 팔고 싶은 물건

1. ______________________
2. ______________________

02 위의 물건 중 하나를 골라서 팔아 봅시다.

보기

사는 사람 : 저… 이 선풍기 얼마예요?
파는 사람 : 이거요? 2만5천 원이에요.
사는 사람 : 너무 비싼데요.
파는 사람 : 산 지 6개월밖에 안 됩니다. 이번 여름에 잠깐 사용했어요.
사는 사람 : 그래요? 좀 더 싸게 해 줄 수 있어요?
파는 사람 : 어이구, 안 돼요. 4만5천 원에 샀는데 거의 반값에 드리는 거예요.
사는 사람 : 에이, 그러지 마시고 조금만 더 깎아 주세요.
파는 사람 : 그럼 같은 기숙사 학생이니까 특별히 2만 원에 드릴게요.
사는 사람 : 좋아요. 2만 원으로 합시다.

반값
특별히

문화

외국인을 위한 벼룩시장

서울 글로벌 센터는 매월 마지막 주 토요일 오후, 동대문구 신설동 풍물시장 주차장에서 외국인 벼룩시장을 엽니다. '외국인 벼룩시장'에서는 세계 여러 나라에서 온 외국인들이 사용하던 물건을 직접 가지고 나와 팝니다. 민속품이나 책 등이 많습니다. 한국어가 서투른 외국인을 위해 영어, 중국어, 일본어의 통역 서비스도 해 줍니다.

이 벼룩시장은 세계 각국의 물건과 세계인이 한자리에 모여 자연스럽게 해외 문화를 공유할 수 있는 기회이며, 나눔의 장터가 되고 있습니다.

과제 3 듣고 말하기

듣고 질문에 답하십시오.

01

CD 11-3

1) **아름다운 가게는 무엇을 하는 곳입니까?**

2) **여기에 물건을 기증하고 싶으면 어떻게 해야 합니까?**

3) **들은 내용과 다른 것은 무엇입니까?** (　　　)

❶ 옷, 책, 장난감 등을 기증할 수 있다.
❷ 아름다운 가게는 안국동에서 처음 시작했다.
❸ 기증품은 가까운 매장에 꼭 가지고 가야 한다.
❹ 문제가 있는 물건들은 수리를 하고 나서 판매한다.

02

여러분도 아름다운 가게에 기증하고 싶은 물건이 있습니까? 무엇입니까? 친구와 서로 이야기해 봅시다.

유행
기증하다
이익

읽어 봅시다

'ㅅ'첨가 단어(끝소리가 모음) +단어 ➡ 단어 + ㅅ + 단어	
• 촛불[초뿔]	바람이 불어서 **촛불**이 꺼졌다.
• 햇살[해쌀]	봄 **햇살**이 참 따뜻하고 눈부시다.
• 존댓말[존댄말]	한국말에서는 어른께 **존댓말**을 써야 한다.
• 뒷모양[뒨모양]	걸어가는 **뒷모양**을 보니 저 사람이 민수같다.

제 12 과 비자를 연장하려고 예약해 놓았거든요

- 학습 목표　적절한 표현으로 부탁을 거절할 수 있다.
- 어휘　통역, 곤란하다, 비자 / 부탁과 거절 관련 어휘
- 문법　-는 모양이다, -어 놓다
- 과제　곤란한 부탁에 대해 말하고 쓰기
  부탁과 거절의 대화 듣고 말하기
  거절하는 방법에 대한 글 읽고 말하기

〈거절하기 가장 힘든 상황은 무엇입니까?〉

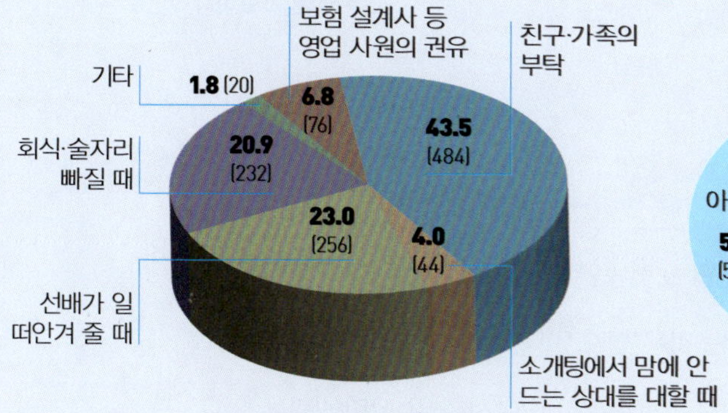

〈거절을 잘해요?〉

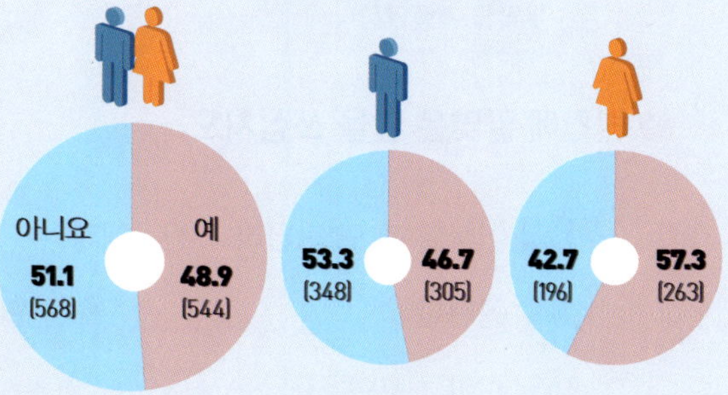

1. 여러분은 어떤 부탁을 많이 받습니까?
2. 어려운 부탁을 받으면 어떻게 합니까?

CD 12-1, 2

선배 마리아가 연락이 안 되던데 왜 그런지 알아?

유리 동아리 모임에도 안 나오는 걸 보니까 고향에 돌아간 모양이에요.

선배 노래 대회 때 통역을 부탁하려고 했는데…
혹시 유리는 그날 시간 있어?

유리 이번 금요일이지요? 그날은 좀 곤란할 것 같은데요.

선배 그래? 무슨 일이 있어?

유리 비자를 연장하려고 예약해 놓았거든요.
도와 드리지 못해서 정말 죄송해요.

통역
곤란하다
비자

어휘

빈칸에 알맞은 말을 쓰십시오.

보기 이사할 때 도와 달라고 친구에게 부탁을 했다 ~~었다/았다/였다~~.

1) 곤란한____________으면/면 오랫동안 고민하게 된다.

2) 친한 친구의____________는 것은 쉽지 않다.

3) 영수가 나의 어려운____________어서/아서/여서 정말 고마웠다.

4) 반 친구에게 돈을 빌려 달라고 했는데 친구에게____________어서/아서/여서 섭섭했다.

문법

1 -는, 은/ㄴ 모양이다

동사나 형용사의 어간 뒤에, 어떤 상황을 보거나 듣고 다른 사람의 행동이나 상태를 추측하여 말할 때 사용한다.
동사의 어간 뒤에는 '-는 모양이다'를 쓴다. 형용사의 어간이 자음으로 끝나면 '-은 모양이다'를 쓰고 모음으로 끝나면 '-ㄴ 모양이다'를 쓴다.

- 불이 꺼져 있는 걸 보니까 동생이 자는 모양이에요.
- 좋은 냄새가 나. 어머니께서 맛있는 음식을 만드시는 모양이야.
- 사장님 말씀을 들으니까 회사 상황이 매우 안 좋은 모양입니다.
- 영주 씨와 형제들이 모두 큰 걸 보니 부모님께서 키가 크신 모양이에요.

다음 그림을 보고 가족들에 대해서 이야기해 봅시다.

보기 어머니께서 노래하시는 걸 보니까 기분이 좋으신 ~~는/은/ㄴ~~ 모양입니다.

1) ______________________ 는/은/ㄴ 모양입니다.

2) ______________________ 는/은/ㄴ 모양입니다.

3) ______________________.

4) ______________________.

5) ______________________.

2 -어/아/여 놓다

동사 어간 뒤에 붙여서 어떤 일을 하기 전에 그와 관련된 준비 행위를 끝내고 그 상태를 유지하고 있음을 나타낼 때 사용한다.
동사 어간 끝에 'ㅏ'나 'ㅗ'가 결합된 음절이 있으면 '-아 놓다', 그렇지 않으면 '-어 놓다'를 쓴다. '하-' 뒤에서는, '-여 놓다'를 쓰는데 '해 놓다'로 축약해서 쓴다.

- 필요할 때 쓰려고 빈 상자들을 모아 놓았어요.
- 냉장고에 음료수를 넣어 놓았으니 꺼내 드세요.
- 명절에 고향에 가려면 기차표를 예매해 놓아야 해요.
- 손님들이 오시기 전에 에어컨을 미리 켜 놓겠습니다.

오늘이 마이클 씨 생일이어서 친구들이 교실에서 파티를 준비했습니다. 다음 단어들을 이용해서 이야기해 봅시다.

틀다
쓰다
켜다
사다
숨기다
불다

보기 생일 축하 음악을 틀어 ~~어/아/여~~ 놓았어요.

1) ______________________ 어/아/여 놓았어요.

2) ______________________ 어/아/여 놓았어요.

3) ______________________.

4) ______________________.

5) ______________________.

과제 1 말하고 쓰기

01 다음과 같은 상황에서 어떻게 하시겠습니까? 친구와 대화해 봅시다.

1) **여행 간 동안 강아지를 돌봐 달라고 부탁한다.**

2) **아르바이트를 일주일 동안 대신해 달라고 부탁한다.**

3) **많은 돈을 빌려 달라고 부탁한다.**

4) **열심히 정리한 공책을 빌려 달라고 부탁한다.**

보기

유리 : 영주 씨, 부탁이 있는데요.
영주 : 무슨 부탁이에요?
유리 : 다음 주말에 제주도에 여행을 가는데 강아지 좀 돌봐 주실 수 있어요?

수락	영주 : 며칠 동안이에요? 유리 : 2박 3일이에요. 영주 : 네, 돌봐 드릴게요. 저희 가족이 모두 강아지를 좋아해서 괜찮아요. 유리 : 어려운 부탁을 들어줘서 정말 고마워요. 선물로 제주도 기념품을 사 올게요.
거절	영주 : 아, 좀 어려운데요. 저희 집이 아파트여서 강아지를 돌봐 드릴 수가 없어요. 유리 : 그렇군요. 신경 쓰게 해서 미안해요. 영주 : 유키 씨가 원룸에 사니까 한번 부탁해 보세요. 유리 : 그렇게 해 볼게요. 고마워요.

02 여러분은 곤란한 부탁을 받은 적이 있습니까? 다음 표를 채우고 그 내용을 글로 써 봅시다.

	보기	
부탁한 사람	고등학교 때 같은 반 친구	
부탁받은 내용	공책을 빌려 달라고 부탁했다.	
곤란한 이유	· 시험 때여서 나도 공부해야 했다. · 내가 열심히 공부해서 정리한 공책을 빌려 주기가 아까웠다.	
수락/거절	들어주었다.	
어떻게 말했나요?	열심히 공부해서 시험 잘 보라고 말했다.	

보기

고등학교 때 같은 반 친구한테 곤란한 부탁을 받은 적이 있다. 시험 때 공책을 빌려 달라고 했는데 나도 그때 공부해야 했다. 그리고 무엇보다 내가 열심히 공부해서 정리한 공책을 빌려 주기가 아까웠다. 그렇지만 그 친구는 몸이 약해서 자주 결석하는 친구였다. 그래서 열심히 공부해서 시험 잘 보라고 말하고 빌려 줬다. 그런데 그 친구가 너무 고마워해서 빌려 주기를 잘했다는 생각을 했다.

수락
결석

과제 2 듣고 말하기

듣고 질문에 답하십시오.

01

CD 12-3

1) 남자는 무슨 부탁을 했습니까?

2) 여자는 부탁을 들어주었습니까? 거절했습니까?

02

CD 12-4

1) 남자는 무슨 부탁을 했습니까?

2) 여자는 부탁을 왜 거절했습니까?

03

CD 12-5

1) 여기는 어디입니까?

2) 들은 내용과 같은 것을 고르십시오. (　　　)

❶ 여자는 혼자 여행하는 중이다.
❷ 여자는 자리를 바꿔 달라고 부탁했다.
❸ 남자는 여자의 부탁을 들어주었다.
❹ 남자는 지금 통로 쪽 자리에 앉아 있다.

04 여러분은 이런 부탁을 받으면 어떻게 하겠습니까? 이야기해 봅시다.

물건을 사다가 달라고 할 때	
노트북이나 카메라 같은 것을 빌려 달라고 할 때	
기차나 비행기 같은 곳에서 좌석을 바꿔 달라고 할 때	

과제 3 읽고 말하기

01 다음 글을 읽고 질문에 답하십시오.

어떻게 하면 거절을 잘할 수 있을까? 다음의 몇 가지 방법을 알면 거절하는 것이 그리 어렵지는 않다.

먼저 부탁에 대한 답을 '네', '아니요' 두 가지로만 생각하면 안 된다. 상대방의 부탁을 잘 들어 본 후 자신의 상황에 맞게 다른 방법을 말해 볼 수도 있다. 예를 들어 큰돈을 빌려 달라고 하면 자기가 구할 수 있는 만큼만 빌려 주겠다고 하면 된다. 또 상대방이 부탁할 땐 무조건 "네" 하지 말고 일단 시간을 가질 필요가 있다.

바로 앞에서 "아니요"라고 하기 어려울 때는 더욱 그렇다. 도와줄 수 있는지 알아보겠다고 말해서 노력하는 모습을 보여 주는 것이다. 이때, 시간을 미리 정해 놓아야 한다. 오래 기다리게 할수록 기대감이 커지기 때문이다. 그리고 거절하는 이유를 확실히 말하는 것도 상대를 위해서 좋은 방법이다.

우리가 거절을 잘 못 하는 이유는 서로의 관계를 나쁘게 만들 거라는 생각 때문이다. 그러나 상대방의 이야기를 잘 들어주고 이해할 수 있다는 느낌을 주면 문제는 생기지 않는다. 이야기를 끝까지 다 들어 보고 수락할 수 없을 때 미안한 마음을 전하면 된다. 거절한 것은 상대방이 아니라 상대방의 부탁이다. 이것을 서로 이해하면 관계가 나빠질 일은 없다.

1) 위 글의 제목으로 알맞은 것을 고르십시오. ( )

❶ 거절을 잘하는 방법
❷ 거절이 필요한 상황
❸ 거절을 잘 못 하는 이유
❹ 부탁과 거절의 관계

2) 위 글의 내용과 같으면 ○, 다르면 ×표 하십시오.

❶ 부탁을 받으면 '네'나 '아니요'로 확실히 대답해야 한다. ( )
❷ 부탁을 받으면 바로 그 자리에서 대답하는 것이 좋다. ( )
❸ 거절을 할 때는 확실히 이유를 말하는 것이 좋다. ( )
❹ 거절을 할 때는 먼저 상대의 이야기를 잘 듣고 이해하는 모습을 보여 주는 것이 좋다. ( )

02 여러분도 거절할 때 위 글처럼 합니까? 거절을 잘하는 방법에는 어떤 것이 있을까요? 이야기해 봅시다.

상황
무조건
일단
기대감

읽어 봅시다

유성음화/경음화 1 받침[ㄹ] + /ㄱ, ㄷ, ㅂ, ㅅ, ㅈ/ ➡ 받침[ㄹ] +유성음 [ㄱ, ㄷ, ㅂ, ㅈ] 또는 [ㄲ, ㄸ, ㅃ, ㅆ, ㅉ]	
• 일기[일기]	매일 **일기**를 쓰는 습관이 있다.
• 갈비[갈비]	**갈비**를 좀 더 시킬까요?
• 일단[일딴]	**일단** 시간을 가질 필요가 있다.
• 글자[글짜]	**글자**를 모르는 사람도 있어요.

제13과 마음만 있다면 뭐든지 다 할 수 있는 세상이지요

- **학습 목표** 편리해진 현대 생활에 대해서 말할 수 있다.
- **어휘** 장 보다, 가상, 바코드, 신기하다 / 첨단 생활 관련 어휘
- **문법** -는다면, -는답니다
- **과제** 편리해진 생활에 대해서 말하고 쓰기
  첨단 제품 전시회 안내 듣고 말하기
  미래 생활에 대한 글 읽고 말하기

1. 과학기술의 발달로 편리해진 것은 무엇이 있습니까?
2. 앞으로 어떤 것들이 우리 생활을 편리하게 할 것 같습니까?

13-1, 2

(지하철 승강장에서)

슈테판	어! 영주씨, 지금 전화기로 뭐 하시는 거예요?
영주	장 보고 있는 거예요. 요즘 시장 갈 시간이 없어서요.
슈테판	지하철역에서 어떻게 장을 봐요?
영주	여기 가상 마트에서 물건을 선택하고요, 바코드에 스마트폰을 대면 물건을 살 수 있답니다.
슈테판	정말요? 신기하네요.
영주	마음만 있다면 뭐든지 다 할 수 있는 편리한 세상이지요.

장보다

가상

바코드

신기하다

어휘

초고속 인터넷

스마트폰

화상 통화

가사 도우미 로봇

무인 자동차

전자책

빈칸에 알맞은 말을 쓰십시오.

요즘 생활은 기술이 발달하면서 참 편리해졌다. 초고속 인터넷으로 ~~으로/로~~ 짧은 시간에 정보를 알아볼 수 있고 1)＿＿＿＿＿＿＿으로/로 걸어 다니면서도 인터넷을 할 수 있다. 또 2)＿＿＿＿＿＿＿으로/로 얼굴을 보면서 전화도 할 수 있다. 일이나 공부도 훨씬 편해졌다. 3)＿＿＿＿＿＿＿이/가 거의 모든 집안일을 다 해 주고 4)＿＿＿＿＿＿＿이/가 개발되면 운전도 하지 않아도 될 것이다. 또한 5)＿＿＿＿＿＿＿이/가 많아지면서 도서관에 직접 가지 않아도 편하게 책을 볼 수 있다. 가까운 미래에 이런 일들이 모두 가능해질 것이다.

문법

1 -는다면/ㄴ다면, 다면

동사나 형용사의 어간 뒤에서 어떤 상황을 가정하여 말할 때 사용한다. 실현 가능성이 적을 때 쓴다. 동사의 어간이 자음으로 끝나면 '-는다면', 모음으로 끝나면 '-ㄴ다면'을 쓴다. 형용사의 어간 뒤에는 '-다면'을 쓴다.

- 저는 다시 태어난다면 남자가 되고 싶어요.
- 시험이 없다면 학생들이 공부하지 않을 것 같아요.
- 당신이 만일 복권에 당첨된다면 그 돈으로 뭐 할 거예요?
- 내가 만약 새라면 멀리 날아갈 수 있을 텐데….

소원을 들어주는 요정이 있습니다. 어떤 소원을 말하고 싶습니까? 간단히 쓰고 이야기 해 봅시다.

소원

1. 부자가 되고 싶다.
2. 날씬해지고 싶다.
3.
4.

소원이 이루어진다면 하고 싶은 것

1. 세계 여행을 할 거예요.
2. 짧은 치마를 입어 보고 싶어요.
3.
4.

보기

요정 : 소원이 무엇입니까? 말씀해 보세요.
나 : 저는 부자가 되고 싶어요.
요정 : 부자가 된다면 뭘 하고 싶으세요?
나 : 제가 부자가 된다면 세계 여행을 하고 싶어요.

2 -는답니다/ㄴ답니다, 답니다

동사나 형용사의 어간 뒤에서 상대방이 모른다고 생각하는 사실을 알려 줄 때 쓴다. 친근함을 표시하거나 자랑하는 듯한 뜻을 내포한다.
동사의 어간이 자음으로 끝나면 '-는답니다'를 쓰고 모음으로 끝나면 '-ㄴ답니다'를 쓴다. 형용사의 어간 뒤에서는 '-답니다'를 쓴다.

- 한국 사람들은 설날 아침에 떡국을 먹는답니다.
- 옛날 옛날에 숲 속 나라에 예쁜 공주가 살았답니다.
- 건강을 위해 과식을 안 하는 것이 아주 중요하답니다.
- 제주도는 세계적으로도 유명한 관광지랍니다.

친구들에게 자랑하고 싶은 것이 있습니까? 표에 쓰고 말해 봅시다.

자랑하고 싶은 사람/것	자랑하고 싶은 내용
보기 전자사전	설명이 잘 되어 있다.
1) 강아지	귀엽고 말을 잘 듣는다.
2) 언니	유명한 피아노 대회에서 상을 받았다
3)	
4)	
5)	

보기 이 전자사전은 설명이 아주 잘 되어 있답니다.
1) 우리 강아지는 ________________ 는답니다/답니다.
2) 우리 언니는 ________________ 는답니다/답니다.
3) ________________________________.
4) ________________________________.
5) ________________________________.

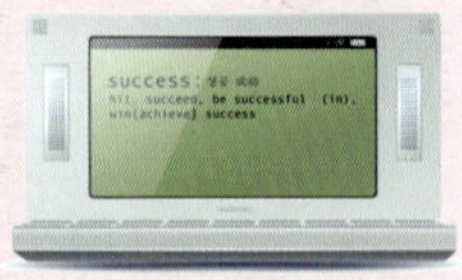

과제 1 말하고 쓰기

01 편리해진 생활에 대해서 표에 쓰고 이야기해 봅시다.

이름	편리한 것	이유
영주	스마트폰	1. 움직이면서 이메일을 확인한다. 2. 지하철에서 뉴스를 검색하거나 영화 표를 예매한다.
슈테판	인터넷뱅킹	1. 은행에 갈 시간을 절약한다. 2. 수수료가 싸다.
나		

보기

슈테판 : 영주 씨, 요즘 영주 씨 생활을 편리하게 해 주는 것은 뭐예요?
영주 : 뭐니 뭐니 해도 스마트폰이지요.
슈테판 : 어떤 점에서요?
영주 : 먼저 이메일을 보내거나 확인할 수 있어요.
또 지하철 안에서 뉴스 검색을 하거나 영화표를 예매할 수도 있고요.
슈테판 : 와! 움직이는 컴퓨터네요.
영주 : 그럼, 슈테판 씨 생활에 편리함을 준 것은 뭐예요?
슈테판 : 제 생활에 편리함을 준 것은 인터넷뱅킹인 것 같아요.
바쁜데 은행에 직접 가지 않아도 되니까 시간이 많이 절약돼요.
또 수수료도 싸니까 돈도 절약이 되고요.
영주 : 정말 그렇네요.

02 위에서 이야기 한 것을 정리해서 써 봅시다.

요즘 제 생활을 제일 편리하게 해 주는 것은 스마트폰입니다.
저는 스마트폰을 항상 손에 들고 다닙니다. 출근하는 지하철에서는 뉴스를 검색하고 이메일을 확인합니다. 친구들 블로그에 올라온 새 글도 읽을 수 있습니다. 친구들과 이야기하다가도 갑자기 궁금한 것이 생기면 바로 스마트폰으로 검색을 합니다. 영화를 보고 싶으면 어떤 영화가 상영 중인지, 표가 있는지 바로 알 수 있습니다. 스마트폰으로 바로 표도 살 수 있습니다. 참 편리하지요? 이제 스마트폰은 제 생활에 꼭 필요한 것이 되었습니다.

과제 2 듣고 말하기

듣고 질문에 답하십시오.

01

CD 13-3

1) **이와 같은 안내는 어디에서 들을 수 있을까요?** (　　)

❶ 가전제품 매장　　❷ 전시장
❸ 극장　　❹ 박물관

2) **이 안내에서 소개하지 않은 것은 무엇입니까?** (　　)

❶ 미래형 냉장고

❷ 얇은 태블릿 PC

❸ 첨단 안경

❹ 전자 잡지

3) 들은 내용과 같은 것을 고르십시오. (,)

❶ 이곳에서는 3가지 물건들을 구경할 수 있다.
❷ 미래의 냉장고에는 요리법을 알려 주는 책이 붙어 있다.
❸ 얇은 태블릿 PC를 이용해 3D 영상을 볼 수도 있다.
❹ 전자잡지는 손동작만으로 화면을 넘길 수 있다.

02 여러분은 위의 물건들 중에서 무엇을 사용해 보고 싶습니까? 왜 그것을 사용하고 싶습니까? 친구와 이야기해 봅시다.

변화
첨단기술

과제 3 읽고 말하기

01 다음 글을 읽고 질문에 답하십시오.

미래에 우리들은 어떻게 생활하게 될까? 2040년 정도 되면 공상 과학 영화 속 주인공처럼 살게 될 것이라는 미래 보고서가 나왔다. 보고서에 나온 미래의 의식주 생활에 대해 한번 살펴보자.

먼저 기술의 발달로 스마트 의류를 입게 된다고 한다. 스마트 의류는 컴퓨터 기능을 하는 옷으로 온도에 따라 스스로 바뀐다.

식생활에도 놀라운 것들이 많아진다. 늙는 것을 막아 주는 식품이 개발되어 젊게 살 수 있게 만들어 준다. 음식물은 캡슐로 대신하게 된다.

집도 똑똑해진다. 온도, 습도뿐만 아니라 조명도 살고 있는 사람의 건강에 따라 달라진다고 한다. 집에서 일하는 경우가 많아져서 집은 잠만 자는 곳이 아니라 여러 가지 일을 하는 곳으로 바뀌게 된다.

또한 설거지, 청소 등의 집안일은 로봇이 하게 된다. 지능형 로봇은 아이들과 놀아 주며 게임 상대가 되기도 한다. 아이들은 학교에 가지 않아도 사이버 학교에서 공부를 하게 된다.

그 밖에도 세계 여러 언어의 번역기가 개발되면서 언어를 몰라도 여행하는 것이 가능해진다. 또한 우주선으로 많은 사람들이 우주여행을 하게 될 거라고 한다.

1) **위 글의 제목으로 가장 어울리는 것은 무엇입니까?** ( )

❶ 지구인과 로봇
❷ 공상 과학 영화 속 주인공
❸ 과학기술의 발달
❹ 미래의 우리 생활

2) **위 글에서 소개한 내용을 간단하게 정리해 봅시다.**

미래의 의생활(옷)	❶
미래의 식생활(음식)	늙는 것을 막아 주는 식품 개발 ❷
미래의 주거 생활(집)	온도, 습도, 조명을 바꾼다. ❸
미래의 집안일	❹
미래의 학교	사이버 학교
그 밖에	언어 번역기 개발 ❺

의식주
습도
조명
개발
지능형

02 여러분이 생각하는 미래의 생활은 어떤 모습입니까? 또 어떤 새로운 것이 생길 것 같습니까? 이야기해 봅시다.

읽어 봅시다

유성음화/경음화 2	받침[ㅁ] +/ㄱ,ㄷ,ㅂ,ㅅ,ㅈ/ ➡ 받침[ㅁ] + 유성음 [ㄱ, ㄷ, ㅂ, ㅈ] 또는 [ㄲ, ㄸ, ㅃ,ㅆ,ㅉ]
• 감기[감기]	**감기**에 걸려서 힘들어요.
• 담배[담배]	여기서 **담배**를 피우지 마세요.
• 침대[침대]	이사하면 편한 **침대**를 사고 싶어요.
• 젊게[점께]	**젊게** 살려고 노력하는 게 중요해요.

제 14 과

놀이공원이라든가 노래방 같은 곳에 가서 소리를 질러 봐

- **학습 목표** 스트레스 푸는 방법을 추천할 수 있다.
- **어휘** 논문, 한숨을 쉬다, 의욕, 소리를 지르다 / 스트레스 관련 어휘
- **문법** -더라, 이라든가
- **과제** 스트레스 원인과 해소 방법에 대해서 말하기
  현대인의 스트레스에 대한 인터뷰 듣고 쓰기
  스트레스에 대한 설문 조사 글과 자가 진단 테스트 읽고 말하기

1. 여러분은 언제 스트레스를 받습니까?
2. 스트레스를 풀기 위해서 무엇을 합니까?

CD 14-1, 2

유리 　너 왜 그렇게 표정이 어두워? 무슨 일 있니?

마이클 　논문 때문에 교수님을 만났는데 논문을 보고 한숨을 쉬시더라.

유리 　어머, 어떡하니? 그렇게 열심히 준비했는데 논문이 잘 안 됐어?

마이클 　응, 그래서 스트레스가 쌓이고 의욕도 없어. 기분 전환을 하고 싶은데 뭐 좋은 방법이 없을까?

유리 　그럼 가까운 놀이공원이라든가 노래방 같은 곳에 가서 신 나게 소리를 질러 봐.

마이클 　그래, 그게 좋겠다.

논문
한숨을 쉬다
의욕
소리를 지르다

어휘

스트레스를 주다

스트레스를 받다

스트레스가 쌓이다

스트레스를 풀다/ 스트레스를 해소하다/ 스트레스가 풀리다

빈칸에 알맞은 말을 쓰십시오.

처음에 대기업에 취직했다고 좋아했던 친구가 요즘 아주 힘들어한다. 직장 상사가 스트레스를 많이 주 기 때문이다. 그 상사는 내 친구에게 화를 자주 내고 힘든 일을 많이 시켜서 친구는 스트레스를 많이 1)_______________ 는다고/ㄴ다고 했다. 그때그때 스트레스를 2)_______________ 어야/아야/여야 되는데 친구는 그렇게 하지 못해서 그동안 스트레스가 많이 3)_______________ 었다고/았다고/였다고 했다. 그래서 나는 친구에게 시간을 내서 같이 등산도 하고 술도 마시자고 했다. 그리고 그 상사에게 하고 싶은 말을 나에게 하면 스트레스가 좀 4)_______________ 을/ㄹ 테니까 그렇게 해 보라고 했다.

문법

1 -더라

동사나 형용사의 어간 뒤에 쓰여 말하는 사람이 전에 새롭게 경험하거나 느낀 사실을 친구나 아랫사람에게 말할 때 쓴다. 말하는 사람 자신의 행동에 대해서는 쓰지 않는다.

- 가 : 영수 못 봤어?
  나 : 조금 전에 봤는데 도서관에서 공부하더라.
- 가 : 어제 본 영화가 어땠어?
  나 : 너무 슬프더라.
- 가 : 영미 씨 남자 친구를 봤어?
  나 : 응, 미남이더라.
- 가 : 왜 약을 안 사 왔어?
  나 : 가 보니까 문을 닫았더라.

어제 가수 콘서트에 갔습니다. 그 콘서트에 대해 친구와 이야기하십시오.

보기 가 : 너, 어제 가수 '비우' 콘서트에 갔지? 어땠어?
나 : 노래도 정말 잘하고 춤도 잘 추더라.

1) 가 : 사람들이 많이 왔어?
나 : ______________________.

2) 가 : 밴드는 어땠어?
나 : ______________________.

3) 가 : 표가 비쌌지?
나 : ______________________.

4) 가 : '비우'의 의상은 어땠어?
나 : ______________________.

5) 가 : 무대가 컸어?
나 : ______________________.

2 이라든가/라든가

명사 뒤에 써서 예를 들어 나열하는 뜻을 갖는다. 뒤에는 나열한 예들을 종합하는 말이 올 수 있다. 자음으로 끝나는 명사 뒤에는 '이라든가', 모음으로 끝나는 명사 뒤에는 '라든가'를 사용한다.

- 저는 소설이라든가 수필 같은 가벼운 책이 좋아요.
- 주말이라든가 공휴일 같은 쉬는 날에는 가족끼리 외출할 때가 많아요.
- 요즘에는 젊은이들도 인삼차라든가 대추차 같은 전통차를 즐겨 마신다.
- 병문안을 갈 때는 포도 주스라든가 오렌지 주스 같은 주스를 사 가지고 가세요.

어떤 선물을 주는 게 좋을까요? 다음 그림을 보고 대화를 완성하십시오.

가 : 한국에서 5월은 가정의 달이라면서요? 일본에서는 어린이날에 황후 인형 이라든가/라든가 무사 인형 같은 인형을 선물하는데 한국에서는 어때요?

나 : 한국에서는 어린이날에 1)__________ 이라든가/라든가 __________ 같은 장난감을 선물해요.

가 : 어버이날에는 무슨 선물을 해요?

나 : 등산을 좋아하시는 아버지께는 2)__________ 이라든가/라든가 __________ 같은 것을 선물해요. 독서를 좋아하는 어머니께는 3)__________ 이라든가/라든가 __________ 같은 것을 선물하고요.

가 : 5월 15일은 스승의 날이라면서요? 스승의 날에는 보통 무슨 선물을 많이 해요?

나 : 선생님께는 감사하는 마음으로 4)__________ 이라든가/라든가 __________ 같은 꽃을 드리는 학생이 많아요.

가 : 모레가 여자 친구 생일인데 뭐가 좋을까요?

나 : 여자 친구에게는 5)__________ 이라든가/라든가 __________ 같은 __________ 이/가 좋지 않을까요?

과제 1 말하기

01 다음은 여러 가지 스트레스를 받는 유형입니다.
여러분의 유형은 어떤 것인지 이야기해 보십시오.

02 위와 같은 스트레스에 대해서 해소 방법을 이야기해 봅시다.

잔소리
멀리하다

과제 2 듣고 쓰기

듣고 질문에 답하십시오.

01

CD 14-3

1) **이 대화에서 말한 것을 모두 고르십시오.** (,)

❶ 스트레스의 원인
❷ 스트레스의 해소법
❸ 스트레스의 종류
❹ 스트레스의 영향

2) **스트레스를 받으면 어떻게 하는 게 좋다고 합니까?**

3) **스트레스를 받는 사람에게는 어떻게 해 주는 게 중요하다고 합니까?**

02

여러분은 어떻게 스트레스를 해소합니까? 써 보십시오.

보기

저는 은행에서 일하는데 늘 긴장을 하면서 생활하기 때문에 스트레스를 많이 받는 편입니다. 그래서 저는 아침에 일찍 일어나서 일주일에 세 번 정도 규칙적으로 조깅을 합니다. 그렇게 운동을 하면서 그날그날 계획을 세우면 긴장도 좀 풀리고 머리도 맑아지는 것을 느낄 수 있습니다. 그리고 일하다가 스트레칭을 자주 하는 편입니다. 이렇게 하면 목과 어깨가 뭉친 것도 풀리고 기분도 좋아집니다. 그리고 허브 차라든가 녹차 같은 건강에 좋은 차를 많이 마십니다.

원인
규칙적으로
뭉치다
허브 차

과제 3 읽고 말하기

01 다음 글을 읽고 질문에 답하십시오.

스트레스의 원인과 해소 방법을 찾기 위해 최근 직장인 400여 명을 대상으로 직장 내 스트레스에 대해서 조사했다. 조사 결과, 직장인들은 상사나 동료와의 관계에서 가장 스트레스를 받는 것으로 나타났다. 조사 결과에 따르면, 직장 생활에서 스트레스를 가장 심하게 주는 상사는 '무조건 해'라고 말하는 형이고, 상사를 가장 스트레스 받게 하는 부하 직원은 '안 될 것 같다'고 말하는 형이라고 한다.

스트레스 해소를 위해서는 '마음 맞는 동료와 술로 해결한다'(32%)가 제일 많았다. 이어 '잠을 푹 잔다'(21%)와 '땀을 흘릴 정도로 운동을 한다'(13%)가 뒤를 이었다. 이 밖에 일찍 집에 돌아가 가족과 함께 시간을 보내거나 따뜻한 커피 한 잔으로 스트레스를 푼다는 사람도 있었으며, 영양제를 먹거나 맛집을 찾아서 배불리 먹는다는 사람도 있었다.

1) 누구에게, 무엇에 대해서 조사했습니까?

2) 직장에서 가장 스트레스를 많이 주는 상사는 어떤 상사입니까?

3) 직장인에 대한 설명으로 맞으면 ○, 틀리면 ×표 하십시오.

❶ 일의 양보다는 상사나 동료와의 관계에서 스트레스를 더 받는다. ( )

❷ 잠을 푹 자는 방법으로 스트레스를 해소하는 사람들이 제일 많았다. ( )

02 스트레스 자가 진단 테스트입니다. 해당되는 것에 표시하십시오.

스트레스 자가 진단 테스트		
1	잠들기가 힘들다.	☐
2	잠을 자다가 중간에 깰 때가 많다.	☐
3	일에 집중이 잘되지 않는다.	☐
4	늘 피곤하다.	☐
5	이유 없이 짜증이 날 때가 많다.	☐
6	울고 싶을 때가 자주 있다.	☐
7	죽고 싶다는 생각이 자주 든다.	☐
8	늘 머리가 무겁거나 아프다.	☐
9	손발에 땀이 많아졌다.	☐
10	입이 자주 마른다.	☐
11	가슴이 답답하다.	☐
12	숨 쉬기가 힘들다.	☐
13	말하기가 힘들다.	☐
14	소화가 잘되지 않는다.	☐
15	배가 아플 때가 자주 있다.	☐

◉ 3개 이하 : 현재 적당한 스트레스와 함께 건강한 상태입니다.
◉ 4~6개 : 스트레스를 꽤 받고 있습니다. 휴식이 필요합니다.
◉ 7개 이상 : 스트레스가 심합니다. 치료를 받는 것이 좋습니다.

03 여러분의 스트레스 진단 결과는 어떻습니까? 같이 이야기해 봅시다.

대상
조사하다
상사
부하 직원
집중
답답하다
숨 쉬다

읽어 봅시다

유성음화/경음화 3	받침[ㅇ]+[ㄱ,ㄷ,ㅂ,ㅅ,ㅈ] ➡ 받침[ㅇ]+유성음[ㄱ,ㄷ,ㅂ,ㅈ] 또는 [ㄲ,ㄸ,ㅃ,ㅆ,ㅉ]
• 농구[농구]	**농구** 경기를 좋아합니다.
• 방법[방법]	문제를 해결할 수 있는 **방법**을 찾고 있습니다.
• 방세[방쎄]	집주인이 **방세**를 빨리 내라고 해요.
• 빵집[빵찝]	**빵집**에 가서 치즈 케이크를 샀습니다.

제 15 과 그동안 잘 챙겨 주셔서 감사합니다

- **학습 목표** 고마움을 표현할 수 있다.
- **어휘** 떠나다, 그렇지 않아도, 헤어지다, 귀국, 챙기다 / 감사 관련 어휘
- **문법** -으려던 참이다, -을 텐데
- **과제** 고마운 사람에 대해서 말하기
  감사 사연을 듣고 쓰기
  보답에 대한 글 읽고 말하기

1. 여러분은 언제 고마움을 많이 느낍니까?
2. 어떻게 감사의 마음을 표현합니까?

CD 15-1, 2

아주머니　마이클 씨, 내일 떠나지요?

마이클　네, 그렇지 않아도 인사를 드리려던 참이었어요.

아주머니　헤어진다고 생각하니까 섭섭하네요.

마이클　저도 그래요. 이거 작은 건데 받으세요.

아주머니　귀국 준비하느라고 바쁠 텐데 언제 이런 걸 준비했어요?

마이클　그동안 잘 챙겨 주셔서 감사합니다. 한국에 오면 꼭 연락 드릴게요.

떠나다

그렇지 않아도

헤어지다

귀국

챙기다

어휘

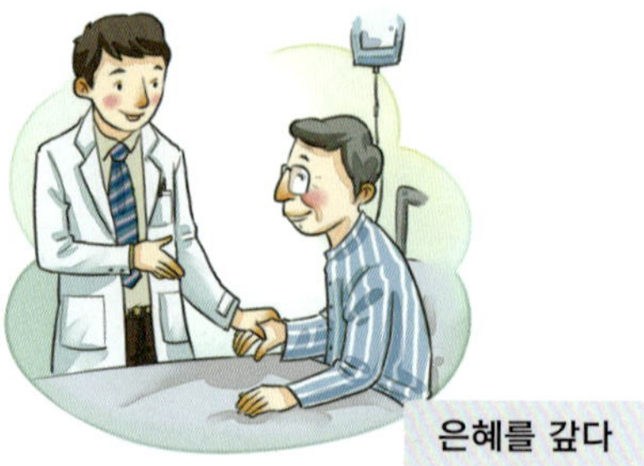

빈칸에 알맞은 말을 쓰십시오.

1

해외여행을 하다가 보면 여러 사람의 도움을 받게 된다. 몇 년 전에 나는 해외여행을 하다가 가방을 잃어버린 적이 있다. 그때 그곳에서 만난 분이 우리에게 여러 가지로 많은 1) ________________ 었다/았다/였다. 친절하게 길도 가르쳐 주고 잃어버린 짐도 찾아 주셨다. 우리는 고마워서 2) ________________ 고 싶다고 했는데 그분은 괜찮다고 했다. 정말 고마운 분이다.

2

제 인생에서 잊지 못할 분은 저에게 3) ________________ 은/ㄴ ○○○ 의사 선생님입니다. 부모님이 일찍 돌아가시고 힘들게 살 때 큰 병에 걸려서 수술을 받아야 했습니다. 병원비가 없었는데 그 의사 선생님이 무료로 수술을 해 주셨습니다. 그리고 제가 계속 공부할 수 있게 학비도 주셨습니다. 그분 덕분에 저는 이렇게 건강하게 공부하고 있습니다. 저는 그분께 큰 4) ________________ 었습니다/았습니다/였습니다. 저는 앞으로 성공해서 꼭 5) ________________ 을/ㄹ 겁니다.

문법

1 -으려던/려던 참이다

동사의 어간 뒤에 쓰여 어떤 행동을 하려는 마음이 있었음을 나타낼 때 쓴다. 보통 어떤 행동을 하려고 하는데 우연히 그것과 관련된 일이 겹쳐 일어날 때 쓴다.
자음으로 끝나는 동사의 어간 뒤에는 '-으려던 참이다', 모음으로 끝나는 동사의 어간 뒤에는 '-려던 참이다' 를 사용한다.

- 가 : 네 방 청소를 다 했니?
  나 : 지금 하려던 참이었어요.
- 가 : 점심 먹으러 갈 거예요. 같이 갈래요?
  나 : 잘됐네요. 저도 점심을 먹으려던 참이었어요. 같이 가요.
- 가 : 좀 추운데 창문 좀 닫아도 될까요?
  나 : 네, 저도 추워서 창문을 닫으려던 참이었어요.
- 가 : 여보세요? 저 유리인데요.
  나 : 아, 그렇지 않아도 유리 씨에게 전화하려던 참이었어요.

교실에서의 대화입니다. 대화를 완성하십시오.

보기
선생님 : 밖이 시끄러운데 문 좀 닫아 주세요.
샤오밍 : 네, 그렇지 않아도 문을 닫으려던 참이었어요.

1) 선생님 : 로라 씨가 안 왔네요. 로라 씨와 친하니까 전화 좀 해 볼래요?
안나 : ______________________________.

2) 선생님 : 자, 이제 책을 꺼내세요.
마이클 : ______________________________.

3) 선생님 : 수업 시작합시다. 앉으세요.
슈테판 : ______________________________.

4) 선생님: 숙제 공책을 안 가지고 왔어요?
유리 : ______________________________.

5) 선생님 : 덥지 않아요?
마리아 : ______________________________.

2 -을/ㄹ 텐데

동사나 형용사의 어간 뒤에 쓰여 어떤 사실이나 상황에 대해 강한 추측을 나타내면서 뒤에는 그와 관련되거나 반대되는 내용 등을 제시할 때 쓴다.
자음으로 끝나는 동사나 형용사의 어간 뒤에는 '-을 텐데', 모음으로 끝나는 동사나 형용사의 어간 뒤에는 '-ㄹ 텐데'를 사용한다.

- 다음 주쯤 세일을 할 텐데 그때 사지 그래요?
- 바쁘실 텐데 이렇게 와 주셔서 감사합니다.
- 지금은 12시니까 잠이 들었을 텐데 내일 아침에 전화하세요.
- 시험이 끝나면 한가하실 텐데 우리 집에 한번 놀러 오세요.

유리 씨와 마이클 씨가 데이트를 합니다. 서로 무엇을 할 건지 이야기해 봅시다.

마이클 : 영화 보러 갈까?
유리 : 주말이라서 표가 없을 텐데…
마이클 : 그럼 요즘 1) ______________ 을/ㄹ 텐데 미술관에 가자.
유리 : 그 화가 그림은 2) ______________ 을/ㄹ 텐데 콘서트에 가는 게 어때?
마이클 : 점심은 먹었어?
유리 : 아니, 아직 안 먹었어.
마이클 : 3) ______________ 을/ㄹ 텐데 식사부터 하자. 피자를 먹는 게 어때?
유리 : 피자를 먹으면 4) ______________ 을/ㄹ 텐데 한식을 먹어.
마이클 : 식사 후에는 뭘 할까?
유리 : 5) ______________ 을/ㄹ 텐데 백화점에 가 보는 게 어때?

과제 1 말하기

01 고마운 사람이 있습니까?
표를 채우고 보기와 같이 이야기해 봅시다.

고마운 사람	부모님	
이유	아버지: 공부할 수 있도록 학비를 주신다. 언제나 나를 믿고 힘을 주신다. 어머니: 내게 필요한 것을 다 챙겨 주신다. 맛있는 음식을 만들어 주신다.	
보답하는 방법	열심히 공부한다. 안부 전화를 자주 해서 걱정하시지 않게 한다.	

보기

어렸을 때는 부모님이 잘해 주시는 것은 당연하다고 생각했는데 나이가 들수록 부모님께 정말 고마움이 느껴져요. 우리 아버지는 제가 공부할 수 있도록 학비를 주시고 언제나 저를 믿어 주시고 힘을 주세요. 우리 어머니는 따뜻하게 저에게 필요한 것을 다 챙겨 주시고 맛있는 음식을 많이 만들어 주세요. 지금 저는 한국의 대학교에 다니기 때문에 부모님이 너무 그리워요. 지금은 열심히 공부하고 안부 전화를 자주 해서 부모님이 걱정하시지 않게 하는 것이 부모님의 사랑에 보답하는 길이라고 생각해요.

당연하다
뒷받침하다
보답하다

과제 2 듣고 쓰기

듣고 질문에 답하십시오.

01

CD 15-3

1) **이 이야기는 어디에서 들을 수 있습니까?**

2) **누구에게 왜 고마움을 느낍니까? 표를 채우십시오.**

누구에게	
왜	

3) **이야기의 내용과 같은 것을 고르십시오.** ( )

① 이 사람은 그 간호사와 자주 연락을 한다.
② 이 사람은 고향에서 그 간호사를 알게 됐다.
③ 이 사람은 지금 한국에서 건강하게 생활하고 있다.
④ 이 사람은 얼마 전에 병원에 가서 그 간호사를 만났다.

02

여러분도 이 글과 같이 한국 사람에게 감사의 마음을 느낀 적이 있습니까?
표를 채우고 방송사에 보내는 글을 써 봅시다.

고마운 사람	
언제	
어디에서	
왜	

과제 3 읽고 말하기

01 다음 글을 읽고 질문에 답하십시오.

옛날 옛날에 강원도에 활을 잘 쏘는 젊은이가 살았습니다. 그 젊은이가 어느 날 산길을 가는데 뱀이 꿩을 잡아먹으려고 했습니다. 젊은이는 활을 쏴서 뱀을 죽이고 꿩을 구해 주었습니다.

날이 어두워져서 젊은이는 산속에 있는 작은 절에서 잠을 자기로 했습니다. 그런데 밤에 자다가 깨 보니 큰 뱀이 젊은이를 잡아먹으려고 했습니다.

"나는 아까 산길에서 네 화살에 맞아 죽은 뱀의 아내이다. 내 남편을 죽인 너를 잡아먹어야겠다."

"제발 살려 주십시오. 제발 부탁 드립니다."

"좋다. 12시가 되기 전에 종이 울리면 살려 주겠다."

뱀은 그 젊은이를 감고서 살려 달라는 젊은이에게 밤 12시가 되기 전에 종이 울리면 살려 주겠다고 했습니다. 그런데 12시가 되기 전에 종이 울렸습니다. 그래서 뱀은 약속대로 그 젊은이를 살려 줬습니다.

젊은이는 어떻게 된 일인지 궁금했습니다. 그래서 종이 있는 데로 가 봤는데 그 꿩이 머리가 깨져 죽어 있었습니다. 그 꿩은 젊은이 덕분에 뱀에게 잡아먹히지 않은 것에 대한 고마움의 표시로 은혜를 갚기 위해서 종에 머리를 박아 종소리를 내고 죽었던 것입니다.

젊은이는 꿩이 은혜를 갚았다는 것을 알게 되고 그곳에 절을 지었는데 그 절이 상원사라고 합니다. 그리고 그때부터 그 산을 꿩을 뜻하는 치악산이라고 한답니다.

1) 젊은이는 꿩에게 어떤 은혜를 베풀었습니까?

2) 뱀이 젊은이를 살려 주겠다고 내건 조건은 무엇입니까?

3) 종은 어떻게 울리게 됐습니까?

03 여러분 나라에도 은혜를 갚은 동물 이야기가 있습니까? 이야기해 봅시다.

활
쏘다
뱀
펑
구하다
감다
종
박다

읽어 봅시다

유성음화/경음화 5	받침[ㄴ]+[ㄱ,ㄷ,ㅂ,ㅅ,ㅈ] ➡ 받침[ㄴ]+유성음[ㄱ,ㄷ,ㅂ,ㅈ] 또는 [ㄲ,ㄸ,ㅃ,ㅆ,ㅉ]
건강[건강]	사람들은 **건강**에 관심이 많아요.
준비[준비]	학기말 시험 **준비**는 다 했어요?
산길[산낄]	**산길**에서 산새들의 노래를 들었어요.
손재주[손쨰주]	그 사람은 **손재주**가 많아서 뭐든지 잘 만든다.

문화

책거리

책거리는 옛날에 아이가 서당에서 책 한 권을 다 읽었을 때 행하던 것으로, 스승에게 감사하고 친구들과 함께 축하하는 일을 말합니다. 이것은 공부하는 학생의 학업 정진을 축하하고 스승의 가르침에 깊이 감사하는 뜻이 들어 있습니다.

이때 준비하는 축하 음식으로 송편을 많이 만들었는데 송편에 깨나 팥, 콩 등을 꽉 채운 이유는 학문도 그렇게 꽉 채우기를 바랐기 때문이라고 합니다.

3주완성 연세 한국어

연세대학교 한국어학당 편

6 부록

1. 문법 활용연습
2. 듣기 지문
3. 모범 답안
4. 색인

연세대학교 출판문화원

3주완성 연세 한국어

연세대학교 한국어학당 편

6 부록

1. 문법 활용연습
2. 듣기 지문
3. 모범 답안
4. 색인

연세대학교 출판문화원

부록

1. 문법 활용연습

제1과 전망은 이 방만 못하지만 밝고 깨끗해요

1. -거든

1) 보기 와 같이 두 문장을 한 문장으로 만드십시오.

보기
심심합니다 / 영화라도 보러 갑시다.
➡ 심심하거든 영화라도 보러 갑시다.

❶ 일이 끝납니다 / 친구 생일 선물을 사러 갑시다.

➡ ____________________거든 ____________________.

❷ 책을 다 읽습니다 / 도서관에 반납하세요.

➡ ____________________거든 ____________________.

❸ 주스가 없습니다 / 시원한 물이라도 주세요.

➡ ____.

❹ 발표 준비를 혼자 하기 어렵습니다 / 친구에게 도와 달라고 하세요.

➡ ____.

❺ 김민수 씨가 해외 출장 중입니다 / 다른 직원에게 부탁합시다.

➡ ____.

2) 보기 와 같이 대화를 완성하십시오.

보기
가 : 오늘 세르게이를 만날 거예요.
나 : 세르게이를 만나거든 안부를 전해 주세요.

❶ 가 : 음식이 좀 싱거운데 어떻게 하죠?

나 : ____________________ 거든 소금을 넣으세요.

❷ 가 : 오늘은 바쁜데 내일 만나도 될까요?

나 : 네, ______________________ 거든 내일 만납시다.

❸ 가 : 머리가 아픈데 좀 쉬어도 돼요?

나 : 네, ____________________________________ .

❶ 가 : 약속한 손님이 오시면 뭐라고 할까요?

나 : ____________________________________ .

❺ 가 : 이번 주말에 날씨가 좋을 것 같은데 뭘 할까요?

나 : ____________________________________ .

2. -만 못하다

1) 보기 와 같이 문장을 바꾸어 쓰십시오.

> **보기** 형이 동생보다 똑똑해요.
> ➡ 동생이 형만 못해요.

❶ 기숙사가 하숙집보다 편해요.

➡ ________________________ 만 못해요.

❷ 말하기 실력이 쓰기 실력보다 좋아요.

➡ ________________________ 만 못해요.

❸ 중간시험을 기말시험보다 잘 봤어요.

➡ ________________________________ .

❹ 한 번 보는 것이 백 번 듣는 것보다 나아요.

➡ ________________________________ .

❺ 어머니께서 만든 음식이 고급 식당 음식보다 맛있어요.

➡ ________________________________ .

2) **보기** 와 같이 대화를 완성하십시오.

보기

하숙집	원룸
화장실과 욕실, 식당 등을 다른 사람들과 같이 쓴다.	필요한 가구와 시설이 한 방에 다 있다.

가 : 하숙집과 원룸 중에 어디가 나은 것 같아요?

나 : 원룸에는 모든 시설이 있어요. <u>하숙집이 원룸만 못한 것 같아요</u>.

❶

동대문 시장	명동
물건이 많고 싸지만 복잡하다.	예쁜 가게와 식당들이 많다.

가 : 동대문 시장과 명동 중에 어디에 자주 가요?

나 : 구경하기 좋아서 명동에 자주 가요. ____________________만 못해요.

❷

첫 번째 전시회	두 번째 전시회
그림이 많고 다양했다.	그림이 적고 특별한 그림이 없었다.

가 : 두 번의 전시회 중에 어느 쪽이 좋았어요?

나 : 두 번째 전시회는 인상적인 그림이 없었어요. ______________ 만 못했어요.

❸

커피	인삼차
맛있지만 많이 마시면 건강에 안 좋다.	맛이 쓰지만 건강에 좋다.

가 : 커피가 인삼차보다 맛있지요?

나 : 네, 그렇지만 건강을 생각하면 ______________ .

❹

소설	영화
이야기가 감동적이고 주인공의 마음이 잘 표현되어 있다.	속도가 너무 빠르고 내용을 이해하기 어렵다.

가: 소설도 읽으셨지요? 영화와 소설 중에 어느 게 더 좋았어요?

나: 소설이 좋았어요. ______________________________ .

❺

물냉면	비빔냉면
국물이 시원하고 면이 부드럽다.	맵고 짜다.

가 : 이 식당은 어느 냉면이 더 맛있어요?

나 : 이 식당은 물냉면을 더 잘 해요. ______________________________ .

제2과 여름도 되고 해서 머리 모양을 바꾸고 싶은데요

1. -고 해서

1) 보기 와 같이 문장을 만드십시오.

> **보기** 짐이 많다, 피곤하다 / 택시를 탔어요.
> ➡ 짐도 많고 해서 택시를 탔어요.

❶ 날씨가 덥다, 외출하기가 귀찮다 / 집에 있었어요.

➡ ______________ 고 해서 ______________.

❷ 오늘 시간이 많다, 이번 주말에 파티가 있다 / 청소를 해요.

➡ ______________ 고 해서 ______________.

❸ 머리가 아프다, 술을 안 좋아하다 / 모임에 안 갔어요.

➡ ______________ 고 해서 ______________.

❹ 심심하다, 친구들 소식이 궁금하다 / 친구에게 전화를 걸었어요.

➡ ______________ 고 해서 ______________.

❺ 집값이 싸다, 공기가 좋다 / 시골로 이사하려고 합니다.

➡ ______________ 고 해서 ______________.

2) 보기 와 같이 대화를 완성하십시오.

보기
가 : 왜 그 술집에 자주 가요?
나 : 안주도 맛있고 해서 자주 가요.

❶ 가 : 왜 어제 일찍 퇴근했어요?

나 : ______________________고 해서 ______________________.

❷ 가 : 왜 그 옷을 샀어요?

나 : ______________________고 해서 ______________________.

❸ 가 : 명동에 왜 가요?

나 : ____.

❹ 가 : 왜 그 동아리에 들어갔어요?

나 : ____.

❺ 가 : 왜 도서관에서 공부하지 않고 카페에서 공부해요?

나 : ____.

2. -게

1) 보기 와 같이 문장을 만드십시오.

보기
음식을 덜어 먹다 / 그릇 좀 주세요.
➡ 음식을 덜어 먹게 그릇 좀 주세요.

❶ 미끄러지지 않다 / 조심하세요.

➡ ______________________게 ______________________.

❷ 모두들 알 수 있다 / 쉽게 설명해 주세요.

➡ ______________________게 ______________________.

❸ 감기에 걸리지 않다 / 옷을 따뜻하게 입어라.

➡ ______________________ 게 ______________________ .

❹ 책을 사다 / 돈 좀 주세요.

➡ ______________________ 게 ______________________ .

❺ 지나가다 / 좀 비켜 주십시오.

➡ ______________________ 게 ______________________ .

2) 여기는 식당입니다. **보기** 와 같이 문장을 만드십시오.

> **보기** 이야기하게 음악 좀 줄여 주세요.

❶ ______________________ 게 가위 좀 주세요.

❷ ______________________ 게 물티슈 좀 주세요.

❸ ______________________ 게 그릇 좀 주세요.

❹ ______________________ 게 작게 잘라 주세요.

❺ ______________________ 게 포장 좀 해 주세요.

제3과 음식이 싸고 맛있대

1. 간접화법 축약형 : -대요, -냬요, -래요, -재요

1) 보기 와 같이 문장을 간접화법 축약형으로 바꾸십시오.

보기 일기예보 "내일은 비가 오겠습니다."
➡ 일기예보에서 내일은 비가 온대요.

❶ 미선 "요즘 바빠요."

➡ 미선 씨가 ____________________ 는대요/ㄴ대요/대요.

❷ 영수 "영화가 몇 시에 시작해요? "

➡ 영수 씨가 ____________________ 요.

❸ 마리아 "제 꿈이 가수예요. "

➡ 마리아가 ____________________.

❹ 웨이 "시간이 있을 때 같이 식사합시다."

➡ 웨이 씨가 ____________________.

❺ 선생님 "내일까지 이야기를 써 가지고 오세요."

➡ 선생님께서 ____________________.

2) **보기** 와 같이 다음 이야기를 간접화법으로 바꿔서 대화를 완성하십시오.

여러분, 다음 주 수요일에는 중간시험이 있습니다. 말하기, 읽기 시험을 봅니다. 말하기 시험은 오전 9시부터 시작합니다. 각자 시험 시간 5분 전까지 교실 앞으로 오십시오. 늦지 마십시오. 혹시 늦으면 선생님한테 연락해 주세요.

마리아 : 요코 씨, 저는 오늘 너무 아파서 학교에 가지 못했어요.

선생님이 뭐라고 하셨어요?

요코 : 선생님이 **보기** ❶ 다음 주 수요일에는 중간시험이 있대요.

❷ ______________________.

마리아 : 말하기 시험은 몇 시에 시작한대요?

요코 : ❸ ______________________.

❹ ______________________.

❺ ______________________.

아, 그리고 ❻ ______________________.

2. -기는요

1) 다음 문장을 연결하여 대화를 완성하십시오.

가		나
❶ 노래를 참 잘하시네요.	•	• 날씬하기는요.
❷ 날씨가 너무 덥지요?	•	• 잘하기는요.
❸ 그 식당 음식이 너무 맛있지요?	•	• 잘 쉬기는요.
❹ 참 날씬하세요.	•	• 맛있기는요.
❺ 글씨를 예쁘게 잘 쓰시네요.	•	• 덥기는요. 추운데…
❻ 주말에 잘 쉬었지요?	•	• 잘 쓰기는요.

❶ 가 : 노래를 참 잘하시네요. 나: 잘하기는요.

❷ ______________________________.

❸ ______________________________.

❹ ______________________________.

❺ ______________________________.

❻ ______________________________.

2) 보기 와 같이 대화를 완성하십시오.

> **보기**
> 가 : 요즘 너무 바쁘시지요?
> 나 : 바쁘기는요. 요즘 약속도 없고 심심해요.

❶ 가 : 이 책이 어렵지요?

나 : ______________ 기는요. 초등학생도 읽을 수 있는데요.

❷ 가 : 신촌 가게 물건 값이 싸지요?

나 : ______________ 기는요. 백화점보다 비싼 곳도 많아요.

❸ 가 : 피아노를 아주 잘 치시네요.

나 : ______________ 기는요. ______________.

❹ 가 : 운전을 잘하시네요.

나 : ______________. ______________.

❺ 가 : 어제 소개로 만난 남자 어땠어요? 멋있었어요?

나 : ______________. ______________.

제4과 소리가 잘 안 들려요

1. 피동

1) 보기 와 같이 다음 문장을 바꿔 쓰십시오.

보기
벽에 시계를 걸었어요.
➡ 벽에 시계가 걸려 있어요.

❶ 창문을 열었어요.

➡ ______________________________

❷ 칠판에 이름을 썼어요.

➡ ______________________________

❸ 엄마가 아기를 안았어요.

➡ ______________________________

❹ 내 방 꽃병에 꽃을 꽂았어요.

➡ ______________________________

❺ 책상 위에 교과서를 놓았어요.

➡ ______________________________

2) 보기 와 같이 맞는 것을 고르십시오.

나는 등산을 하다가 산속에서 길을 잃었다. 밤이 점점 깊어 가고 있었다. 멀리서 동물들의 울음소리가 보기 (들었다 / 들렸다). 저쪽에 집이 하나 ❶ (보았다/ 보였다).
벨을 누르니까 까만 옷을 입고 머리가 아주 긴 여자가 나왔다.
"저, 하룻밤만 여기에 묵을 수 있을까요? 길을 잃었거든요."
"들어오세요."
나는 그 여자가 안내한 방으로 들어갔다. 방에는 먼지가 많이 ❷ (쌓아, 쌓여) 있고, 벽에는 귀신 그림이 ❸ (걸어, 걸려) 있었다.
조금 후에 그 여자는 물 주전자와 컵을 가지고 왔다.
"물 주전자와 컵을 여기에 ❹ (놓을게요, 놓일게요)."
나는 목이 말라서 물을 마시려고 컵에 물을 따랐다. 그런데 물 색깔이 빨간색이었다. 피 같았다. 잠을 자려고 누웠는데 잠이 오지 않았다. 얼마 후에 여자가 웃다가 우는 소리가 크게 들렸다. 나는 너무 무서워서 밖으로 나가서 빨리 걷기 시작했다. 그런데 그 여자가 나를 ❺ (쫓았다 / 쫓겼다). 나는 그 여자에게 ❻ (잡기/ 잡히지) 않기 위해서 빨리 뛰었다. 그러다가 나는 눈을 떴다. 꿈이었다.

2. -고요

1) 보기 와 같이 쓰십시오.

보기 서울 커피숍은 커피가 맛있어요. 분위기도 좋고요.

❶ 그 식당은 좁아요. ______________________ 고요.

❷ 이 자동차가 튼튼해요. ______________________ 고요.

❸ 대한찜질방이 깨끗해요. ______________________ .

❹ 방 친구가 춤을 잘 춰요. ______________________ .

❺ 학교 앞 서점이 책 종류가 다양해요. ______________________ .

2) **보기** 와 같이 대화를 완성하십시오.

> **보기**
> 가 : 어디가 아파요?
> 나 : 머리가 아파요. 배도 아프고요.

❶ 가 : 기침을 많이 하세요?

나 : ______________________________ 고요.

❷ 가 : 날씨가 어때요?

나 : ______________________________ 고요.

❸ 가 : 날마다 복습을 해요?

나 : ______________________________ .

❹ 가 : 왜 슈퍼마켓에 가세요?

나 : ______________________________ .

❺ 가 : 지금 살고 있는 하숙집이 어때?

나 : ______________________________ .

제5과 요즘은 현금을 내는 대신에 교통 카드를 많이 써

1. -는 대신에

1) 보기 와 같이 다음 정보를 이용해서 문장을 쓰십시오.

> 보기
> 제주도에 가고 싶었다. / 비행기 표가 비쌌다. / 경주에 가기로 했다.
> ➡ 비행기 표가 비싸서 제주도에 가는 대신에 경주에 가기로 했다.

❶ 고속버스를 타려고 했다. / 시간이 많이 걸린다. / 기차를 타고 갔다.

➡ 시간이 많이 걸려서 ____________ 는 대신에 ____________.

❷ 기차 안에서 빵을 사고 싶었다. / 빵이 없었다. / 계란을 사 먹었다.

➡ 빵이 없어서 ____________ 는 대신에 ____________.

❸ 기차에서 내려서 한식집에 가려고 했다. / 문이 닫혀 있었다. / 일식집에 갔다.

➡ 문이 닫혀 있어서 ________________________.

❹ 유적지에 가려고 했다. / 비가 왔다. / 박물관에 갔다.

➡ 비가 와서 ________________________.

❺ 호텔에서 자려고 했다. / 호텔에 빈방이 없었다. / 콘도에서 잤다.

➡ 호텔에 빈방이 없어서 ________________________.

2) 보기 와 같이 대화를 완성하십시오.

> 보기
> 수진 : 내가 숙제하는 걸 도와줄게.
> 리에 : 그럼 네가 숙제를 도와주는 대신에 내가 점심을 사 줄게.

❶ 아들: 아버지! 오늘은 엄마가 안 계시니까 제가 저녁을 준비할게요.

아버지 : 그럼 ____________ 는 대신에 설거지는 내가 할게.

❷ 언니 : 내 방 청소 좀 해 줘.

동생 : 그럼 ______________________는 대신에 언니 가방 좀 빌려 줘.

❸ 진우 : 지난번에 봤던 네 친구가 아주 예쁘던데 좀 소개해 줘.

미카 : 그럼 ______________________ 나한테도 멋있는 남자를 소개해 줘.

❹ 마이클 : 내일 놀이공원에 갈 때 내가 차를 가지고 올게.

서영 : 네가 ______________________ 나는 도시락을 싸 올게.

❺ 에릭 : 오늘 저녁 밥값은 내가 낼게.

마이클 : 그럼 ______________________________________.

2. -을/ㄹ 뿐만 아니라

1) **보기** 와 같이 문장을 만드십시오.

> **보기** 제주도는 공기가 좋습니다. / 경치도 아름답습니다.
> ➡ 제주도는 공기가 좋을 뿐만 아니라 경치도 아름답습니다.

❶ 이 가방은 예쁩니다. / 튼튼합니다.

➡ ______________________을/ㄹ 뿐만 아니라 ______________________.

❷ 지하철은 편리합니다. / 깨끗합니다.

➡ ______________________을/ㄹ 뿐만 아니라 ______________________.

❸ 우리 하숙집은 학교에서 가깝습니다. / 음식도 맛있어요.

➡ ____.

❹ 우리 반 학생들은 착합니다. / 재미있습니다.

➡ ____.

❺ 그 가수는 노래도 잘 부릅니다. / 춤도 잘 춥니다.

➡ ____.

2) **보기** 와 같이 대화를 완성하십시오.

> **보기**
> 가 : 학생 식당이 어때요?
> 나 : <u>음식이 맛있을 뿐만 아니라 음식 값도 싸요.</u>

❶ 가 : 지금 다니는 학교가 어때요?

나 : __________________을/ㄹ 뿐만 아니라 __________________.

❷ 가 : 그 전자사전이 어때요?

나 : __________________을/ㄹ 뿐만 아니라 __________________.

❸ 가 : 남자 주인공의 목소리가 멋지지요?

나 : ____.

❹ 가 : 지난주에 소개 받은 여자가 예뻐요?

나 : ____.

❺ 가 : 어머님은 어떤 분이세요?

나 : ____.

제6과 개봉하자마자 관객 수가 20만 명을 넘었대

1. -자마자

1) 보기 와 같이 문장을 연결하십시오.

> 보기
> 아침에 일어납니다. ➡ 물을 마십니다.
> 아침에 일어나자마자 물을 마십니다.

❶ 문을 엽니다. ➡ 손님들이 들어옵니다.

______________ 자마자 ______________.

❷ 집에 들어갑니다. ➡ 컴퓨터부터 켭니다.

______________ 자마자 ______________.

❸ 밥을 다 먹습니다. ➡ 자리에서 일어났습니다.

______________________________.

❹ 침대에 눕습니다. ➡ 잠이 들었습니다.

______________________________.

❺ 편지를 받습니다. ➡ 답장을 쓰겠습니다.

______________________________.

2) 보기 와 같이 대화를 완성하십시오.

> 보기
> 가 : 어제 집에 가서 뭐 했어요?
> 나 : 너무 피곤해서 집에 가자마자 잤어요.

❶ 가 : 누군데 그렇게 전화를 빨리 끊어요?

나 : 누군지 모르겠어요. 전화를 ______________ 자마자 ______________.

❷ 가 : 친구들은 다 어디 갔어요?

나 : 몰라요. 수업이 ________________자마자 ________________.

❸ 가 : 영수 씨는 졸업하고 뭐 할 거예요?

영수 : ____.

❹ 가 : 이번에 새로 나온 물건 있어요?

나 : 아니요, 없어요. 인기가 많아서 ____________________________.

❺ 가 : 다음 주에 방학하면 같이 여행 갈까?

나 : 미안해. ____.

2. -느라고

보기 일을 합니다/ 밥을 먹지 못했습니다.
➡ 일을 하느라고 밥을 먹지 못했습니다.

1) **보기** 와 같이 문장을 연결하십시오.

❶ 영화를 봅니다 / 숙제를 하지 못했어요.

➡ ____________________느라고 ___________________________.

❷ 친구와 이야기합니다 / 선생님 말씀을 못 들었어요.

➡ ____________________느라고 ___________________________.

❸ 요즘 아르바이트를 합니다 / 피곤합니다.

➡ ____.

❹ 발표 자료를 찾았습니다 / 힘들었어요.

➡ ____.

❺ 보고서를 썼습니다 / 밤을 새웠습니다.

➡ ____.

2) **보기** 와 같이 대화를 완성하십시오.

> **보기**
> 가 : 요즘 왜 이렇게 바빠요?
> 나 : 결혼 준비를 하느라고 바빠요. 결혼식이 일주일밖에 안 남았거든요.

❶ 가 : 너 왜 전화 안 받았어?

나 : 미안해. ______________________ 느라고 못 받았어.

❷ 가 : 왜 이렇게 늦었어요?

나 : 배가 고파서 ______________________ 느라고 늦었어요.

❸ 가 : 왜 숙제를 안 했어요?

나 : 죄송해요. 어제 ______________________.

❹ 가 : 하루 종일 뭐 하느라고 식사도 못 했어요?

나 : ______________________.

❺ 가 : 미정 씨, 요즘 아주 힘들어 보이네요.

나 : ______________________.

제7과 배우들의 연기가 정말 훌륭하던데요

1. -던데요

보기 어제 남대문 시장에 사람이 많았어요.
➡ 어제 남대문 시장에 사람이 많던데요.

1) **보기** 와 같이 다음 문장을 '-던데요'로 바꾸십시오.

❶ 교실에 학생들이 없었어요.

➡ ______________________ 던데요.

❷ 그 식당의 음식이 아주 맛있었어요.

➡ ______________________ 던데요.

❸ 민수 씨 여자 친구가 아주 예뻤어요.

➡ ______________________ .

❹ 마이클 씨가 한국 노래를 잘했어요.

➡ ______________________ .

❺ 수지가 식당에서 밥을 먹었어요.

➡ ______________________ .

2) **보기** 와 같이 대화를 완성하십시오.

보기 가 : 경복궁에 가 본 적이 있어요?
나 : 네, 아주 넓고 경치가 좋던데요.

❶ 가 : 삼계탕을 먹은 적이 있어요?

나 : 네, ______________________ 던데요.

❷ 가 : 동대문 시장에 가 본 적이 있어요?

나 : 네, ________________________ 던데요.

❸ 가 : 마리아 씨가 어디 갔어요?

나 : 아까 보니까 ________________________.

❹ 가 : 히로시 씨 집에 가 봤어요?

나 : 네, 얼마 전에 가 봤는데 ________________________.

❺ 가 : 소녀시대를 직접 본 적이 있어요?

나 : 네, 콘서트에 가서 본 적이 있는데 ________________.

2. -는다면서요/ㄴ다면서요/다면서요?

1) **보기** 와 같이 들은 것을 다시 확인하십시오.

> **보기**
> 민수 "리에는 매운 음식을 잘 못 먹어요."
> 며칠 후 : 리에 씨, 매운 음식을 잘 못 먹는다면서요?

❶ 미선 "마리아 씨가 요즘 할 일이 많대요."

➡ 1시간 후 : 마리아 씨, ____________ 는다면서요/ㄴ다면서요/다면서요?

❷ 영주 "제 남자 친구가 민철 씨예요."

➡ 며칠 후 : 민철 씨, ____________ 는다면서요/ㄴ다면서요/다면서요?

❸ 마리아 "영주는 여행을 자주 가요."

➡ 며칠 후 : 영주 씨, ________________________?

❹ 슈테판 "민수 씨는 고기를 정말 잘 먹어요."

➡ 며칠 후 : 민수 씨, ______________________________ ?

❺ 웨이 "김 과장님이 거래처에 서류를 보내셨어요."

➡ 몇 시간 후 : 과장님, ______________________________ ?

2) **보기** 와 같이 대화를 완성하십시오.

> **보기**
> 가 : 다음 주에 부모님이 <u>한국에 오신다면서요?</u>
> 나 : 네, 그래서 기대하고 있어요.

❶ 가 : 수지 씨, ____________________ 는다면서요/ㄴ다면서요/다면서요?

수지 : 네, 일을 새로 시작해서 할 일이 많아요.

❷ 가 : 정희 씨, 민수 씨가 ________________ 는다면서요/ㄴ다면서요/다면서요?

정희 : 네, 고등학교 때 축구 선수였대요.

❸ 가 : 밍밍 씨, 슈테판 씨하고 ______________________________ ?

밍밍 : 네, 너무 화가 나서 다시는 말도 하고 싶지 않아요.

❹ 가 : 오늘이 ______________________________ ?

나 : 아닌데요. 제 생일은 다음 달인데요.

❺ 가 : 민수 씨, ______________________________ ?

민수 : 네, 갑자기 일이 생겨서 떠나게 됐어요.

제8과 밥도 먹이고 같이 놀아 주기도 해요

1. 사동

> **보기** 동생이 웁니다. (형)
> ➡ 형이 동생을 울립니다.

1) **보기** 와 같이 문장을 바꾸어 쓰십시오.

❶ 동생이 깹니다. (나)

➡ ______________________________ .

❷ 음식이 남았어요. (동생)

➡ ______________________________ .

❸ 환자가 살 거예요. (의사)

➡ ______________________________ .

❹ 아기가 우유를 먹어요. (어머니)

➡ ______________________________ .

❺ 학생들이 신문을 읽어요. (선생님)

➡ ______________________________ .

2) 사동사를 사용해서 **보기** 와 같이 대화를 완성하십시오.

> **보기** 가 : 가족사진을 보고 싶어요.
> 나 : 네, 가족사진을 보여 드릴게요.

❶ 가 : 팔이 아파서 혼자 옷을 입을 수가 없어요.

나 : 제가 ______________________ .

❷ 가 : 벽시계가 10분 늦는데요.

나 : 그럼, 시계 좀 ______________________ .

❸ 가: 벌써 9시네요. 이제 아이가 잘 시간이에요.

나: 제가 ______________________________.

❹ 가: 그 소식을 어떻게 알았어요?

나: 유리 씨가 ______________________________.

❺ 가: 집에서 세탁하기 어려운 옷은 어떻게 할까요?

나: ______________________________.

2. -을까/-ㄹ까 봐

1) 관계있는 문장을 연결해서 **보기** 와 같이 한 문장으로 만드십시오.

늦습니다. •	• 조용히 말했어요.
비가 옵니다. •	• 우산을 가지고 왔어요.
길이 막힙니다. •	• 다른 길로 돌아서 왔어요.
아기가 깹니다. •	• 냉장고에 넣었어요.
음식이 상합니다. •	• 택시를 타고 왔어요.
날씨가 춥습니다. •	• 두꺼운 옷을 입고 왔어요.

보기 늦을까 봐 택시를 타고 왔어요.

❶ ______________ 을까/ㄹ까 봐 ______________________.

❷ ______________ 을까/ㄹ까 봐 ______________________.

❸ ______________________________________.

❹ ______________________________________.

❺ ______________________________________.

2) **보기** 와 같이 대화를 완성하십시오.

> **보기**
> 가 : 날마다 열심히 공부하시는군요.
> 나 : 네, <u>시험에 떨어질까 봐 열심히 공부하고 있어요</u>.

❶ 가 : 왜 이렇게 천천히 걸어요?

나 : 눈이 와서 ______________ 을까/ㄹ까 봐 ______________________ .

❷ 가 : 약속을 수첩에 다 적는군요.

나 : ____ .

❸ 가 : 평소에 복습을 꼼꼼하게 하나 봐요.

나 : 네, 시험 때 ____ .

❹ 가 : 물건들을 모두 높은 곳에 놓았네요. 아이들 때문인가요?

나 : 네, ____ .

❺ 가 : 왜 그렇게 비행기 표를 일찍 샀어요?

나 : ____ .

제9과 오래 기다리게 해서 미안해요

1. -게 하다

1) 보기 와 같이 문장을 바꾸어 쓰십시오.

> **보기** 동생이 날마다 책을 읽었어요. (아버지)
> ➡ 아버지께서 동생에게 날마다 책을 읽게 하셨어요.

❶ 제가 친구 얼굴을 그렸어요. (선생님)

➡ ______________________________.

❷ 동생이 여러 가지 악기를 배워요. (아버지)

➡ ______________________________.

❸ 식사하기 전에 꼭 손을 씻었어요. (어머니)

➡ ______________________________.

❹ 밤에는 손톱을 깎지 않아요. (할머니)

➡ ______________________________.

❺ 제가 집에서 담배를 피우지 않아요. (아내)

➡ ______________________________.

2) **보기** 와 같이 대화를 완성하십시오.

> **보기**
> 가 : 아이가 하루 종일 집에서 게임만 해요.
> 나 : 그건 건강에 좋지 않아요. 아이를 밖에 나가서 친구들과 놀게 하세요.

❶ 가 : 동생이 기침을 자꾸 해요.

나 : 그럼, 따뜻한 물이나 차를 많이 ____________________게 하세요.

❷ 가 : 아버지께서 혈압이 높아서 걱정이에요.

나 : 스트레스가 제일 나빠요. ____________________게 하세요.

❸ 가 : 제 남편은 피로가 쌓여 있는데도 일만 해요.

나 : 무리하면 안 돼요. 남편을 ____________________.

❹ 가 : 아이가 뭐든지 제 도움을 받으려고 해요.

나 : 그렇게 하시면 안 돼요. ____________________.

❺ 가 : 아이가 요즘 살이 쪄서 비만이 될까 봐 걱정이에요.

나 : ____________________.

2. -는다는/ㄴ다는 것이

1) **보기** 와 같이 두 문장을 한 문장으로 만드십시오.

> **보기**
> 회사에 전화하다. / 집에 전화했어요.
> ➡ 회사에 전화한다는 것이 집에 전화했어요.

❶ 동생 이름을 적습니다 / 내 이름을 적었어요.

➡ ____________________는다는/ㄴ다는 것이 ____________________.

❷ 엘리베이터 2층을 누릅니다 / 3층을 눌렀어요.

➡ ____________________는다는/ㄴ다는 것이 ____________________.

❸ 찌개를 만듭니다 / 국을 만들었어요.

➡ 물을 너무 많이 넣었나 봐요. ______________________.

❹ 다 쓴 공책을 버립니다 / 새 공책을 버렸어요.

➡ ______________________.

❺ 신촌 방향 지하철을 탑니다 / 강남 방향 지하철을 탔어요.

➡ ______________________.

2) 보기 와 같이 대화를 완성하십시오.

> 보기
> 가 : 음식이 왜 이렇게 달아요?
> 나 : 소금을 넣는다는 것이 설탕을 넣어서 그래요.

❶ 가 : 마이클 씨는 왜 책을 안 가져왔어요?

나 : ____________ 는다는/ㄴ다는 것이 5급 책을 가져왔어요.

❷ 가 : 다음 주말에 여행 가는 거 다 예약했지요?

나 : 아, 미안해요. 다시 해야 해요. ____________ 는다는/ㄴ다는 것이 이번 주말로 예약했어요.

❸ 가 : 저는 김치김밥을 부탁했는데 참치김밥을 사 오셨네요.

나 : 어머! 아까 식당에서 정신이 없어서 ______________________.

❹ 가 : 손님, 이 돈은 한국 돈이 아닌데요.

나 : 아, 죄송합니다. ______________________.

❺ 유리 : 문자 메시지를 잘못 보내셨나 봐요. "어머니, 오늘 친구들과 저녁 먹고 갑니다"라고 보내셨는데요.

나 : 앗! 또 실수했네요. ______________________.

제10과 내가 사다가 줄까요?

1. -어다가/아다가/여다가

1) 보기 와 같이 두 문장을 한 문장으로 만드십시오.

> **보기** 만화책을 빌리다. / 친구와 같이 읽었어요.
> ➡ 만화책을 빌려다가 친구와 같이 읽었어요.

❶ 도자기를 만듭니다 / 선생님께 선물했어요.

➡ ____________어다가/아다가/여다가 ____________.

❷ 빵을 삽니다 / 집에서 샌드위치를 만들었어요.

➡ ____________어다가/아다가/여다가 ____________.

❸ 은행에서 돈을 찾습니다 / 책을 사려고 해요.

➡ ________________________________.

❹ 종이 쓰레기를 모읍니다 / 재활용품 통에 넣었어요.

➡ ________________________________.

❺ 한라산 사진을 찍습니다 / 친구들에게 보여 주고 싶어요.

➡ ________________________________.

2) 보기 와 같이 대화를 완성하십시오.

> **보기** 가 : 배가 고프네요.
> 나 : 제가 매점에 가는 길에 빵을 사다가 드릴게요.

❶ 가 : 심심한데 뭘 할까?

나 : DVD나 ____________어다가/아다가/여다가 ____________.

❷ 가 : 영주야, 할아버지께서 신문을 찾으신다.

나 : 네, 제가 ____________어다가/아다가/여다가 ____________.

❸ 가 : 언니, 콘서트에 가면 내가 좋아하는 가수 사인 꼭 받아 줘.

나 : 걱정 마. ____.

❹ 가 : 머리가 너무 아픈데 약이 있어요?

나 : 조금만 기다리세요. ________________________________.

❺ 가 : ____?

나 : 네, 고마워요. 그럼 이 자료를 10부 복사해 주세요.

2. -도록 하다

1) **보기** 와 같이 문장을 바꾸어 쓰십시오.

> **보기** 옷을 따뜻하게 입겠습니다.
> ➡ 옷을 따뜻하게 입도록 하겠습니다.

❶ 제가 반 친구들에게 연락하겠습니다.

➡ ____________________________도록 하겠습니다.

❷ 약을 먹고 푹 쉬겠습니다.

➡ ____________________________도록 하겠습니다.

❸ 사장님을 실망시키지 않겠습니다.

➡ ______________________________.

❹ 친구들과 사이좋게 지내세요.

➡ ______________________________.

❺ 수업 시간에 선생님 말씀을 잘 들으세요.

➡ ______________________________.

2) **보기** 와 같이 대화를 완성하십시오.

> **보기**
> 가 : 내일 아침 일찍 회의를 하겠습니다.
> 나 : 네, 내일 일찍 오도록 하겠습니다.

❶ 가 : 음식이 짜네요. 짠 음식은 건강에 나쁘니까 소금을 적게 넣도록 하세요.

나 : 이제부터는 ______________________________도록 하겠습니다.

❷ 가 : 급한 일이어서 오늘 다 끝내셔야 하는데요.

나 : 걱정하지 마세요. ______________________________도록 하겠습니다.

❸ 가 : 회의 시간에 늦어서 정말 죄송합니다. 다음부터는 조심하겠습니다.

나 : 앞으로는 ______________________________.

❹ 가 : 시험을 시작할 테니까 ______________________________.

나 : 네, 선생님, 휴대전화를 껐어요.

❺ 가 : 간이 많이 나빠졌어요. ______________________________.

나 : 네, 오늘부터 담배를 안 피우겠습니다.

제11과 벼룩시장에 쓸 만한 게 많을 거야

1. -는단/ㄴ단/단 말이에요?

1) 보기 와 같이 다음 문장을 바꾸십시오.

> 보기
> 그렇게 돈이 많아요?
> ➡ 그렇게 돈이 많단 말이에요?

❶ 비가 그렇게 많이 와요? ➡ ______________ 는단/ㄴ단/단 말이에요?

❷ 삼겹살을 3인분 먹어요? ➡ ______________ 는단/ㄴ단/단 말이에요?

❸ 그렇게 사이가 좋아요? ➡ ______________________________?

❹ 진짜 결혼을 했어요? ➡ ______________________________?

❺ 진짜 외국 사람이에요? ➡ ______________________________?

2) 보기 와 같이 대화를 완성하십시오.

> 보기
> 가 : 날마다 5시간씩 공부해요.
> 나 : 정말? 그렇게 많이 공부한단 말이에요?

❶ 가 : 휴대전화를 고쳤는데 수리비가 10만 원이래요.

나 : ______________________________ 는단/ㄴ단/단 말이에요?

❷ 가 : 집에서 학교까지 3시간 걸려요.

나 : ______________________________ 는단/ㄴ단/단 말이에요?

❸ 가 : 수지 씨 집에 자동차가 4대가 있대요.

나 : ____?

❹ 가 : 여기 앞에 있는 식당에서 삼겹살을 1인분에 3,500원에 먹을 수 있대요.

나 : ____?

❺ 가 : 어제 설악산에 눈이 70cm나 왔대요.

나 : ____?

2. -을/ㄹ 만하다

1) 보기 와 같이 문장을 '-을/ㄹ 만하다'를 사용해서 바꾸십시오.

> **보기** 그 책은 재미있어요. 읽기에 좋아요.
> ➡ 그 책은 읽을 만해요.

❶ 그 식당 음식이 맛있어요. 먹기에 좋아요.

➡ ____________________을/ㄹ 만해요.

❷ 그곳의 경치가 아름다워요. 보기에 좋아요.

➡ ____________________을/ㄹ 만해요.

❸ 그 전화기는 아직 쓸 수 있어요.

➡ ______________________________.

❹ 그 일은 어렵지 않아요. 혼자서 할 수 있어요.

➡ ______________________________.

❺ 시청까지 멀지 않아요. 걸어서 갈 수 있어요.

➡ ______________________________.

2) **보기** 와 같이 대화를 완성하십시오.

> **보기**
> 가 : 이번 방학에 전주에 가는데 어디를 구경하면 좋을까요?
> 나 : 한옥 마을이 구경거리도 많고 볼 만해요. 가 보세요.

❶ 가 : 영주 씨 고향은 어떤 음식이 유명해요?

영주 : ______________________________ 을/ㄹ 만해요. 드셔 보세요.

❷ 가 : 요즘 보기에 좋은 영화 좀 추천해 주세요.

나 : ______________ 을/ㄹ 만해요. 영화를 보면서 오랜만에 신나게 웃었어요.

❸ 가 : 문법 연습을 더 하고 싶은데 좋은 책이 없을까요?

나 : 이 책이 어떠세요?

설명이 쉬워서 ______________________________.

❹ 가 : 우리 회사에서 이번 일을 할 만한 사람이 없을까요? 아주 중요한 일인데···

나 : ______________________________. 아주 능력 있는 사람이에요.

❺ 가: 이 컴퓨터 너무 느린 것 같아요. 새로 나온 신형 컴퓨터로 바꾸세요.

나: 아니에요. 좀 느리지만 아직 ______________________________.

제12과 비자를 연장하려고 예약해 놓았거든요

1. -는, -은/ㄴ 모양이다

1) 보기 와 같이 문장을 바꾸어 쓰십시오.

> **보기** 아이가 조용한 걸 보니까 자는 것 같아요.
> ➡ 아이가 조용한 걸 보니 자는 모양이에요.

❶ 표정을 보니까 걱정이 있는 것 같아요.

➡ ____________________는/은/ㄴ 모양이에요.

❷ 실수를 안 하는 걸 보니까 성격이 꼼꼼한 것 같아요.

➡ ____________________는/은/ㄴ 모양이에요.

❸ 교실에 가방이 없는 걸 보니까 집에 돌아간 것 같아요.

➡ ______________________________.

❹ 소고기를 산 걸 보니까 불고기를 만들 것 같아요.

➡ ______________________________.

❺ 말하는 것을 들으니까 직업이 교수인 것 같아요.

➡ ______________________________.

2) 보기 와 같이 대화를 완성하십시오.

> 보기
> 가 : 제임스 씨는 퇴근했어요?
> 나 : 옷이 있는 걸 보니까 아직 퇴근하지 않은 모양이에요.

❶ 가 : 이 식당 음식이 맛있어요?

나 : 사람이 많은 걸 보니까 ____________________는/은/ㄴ 모양이에요.

❷ 가 : 영수 씨 댁에 전화했는데 아무도 안 받아요.

나 : 안 받는 걸 보니까 ____________________는/은/ㄴ 모양이에요.

❸ 가 : 마리아 씨가 시험을 잘 봤대요?

나 : 표정이 밝은 걸 보니까 ________________________________.

❹ 가 : 내일 날씨가 어떨까요?

나 : 먹구름이 많이 낀 걸 보니까 ____________________________.

❺ 가 : 친구가 왜 이렇게 늦지요?

나 : 약속을 잘 지키는 친구인데 늦는 걸 보니까 __________________.

2. -어/아/여 놓다

1) (   ) 안에 있는 동사를 보기 와 같이 알맞게 쓰십시오.

> 보기 수첩에 그 사람 주소를 써 놓았어요. (쓰다)

❶ 놀러 가기 전에 숙제를 ______________________. (하다)

❷ 지하 주차장에 자동차를 ______________________. (세우다)

❸ 바람이 불어서 창문을 ____________________. (닫다)

❹ 유학을 가려고 돈을 ____________________. (모으다)

❺ 방 분위기를 바꾸려고 벽에 그림을 ____________________. (걸다)

2) **보기** 와 같이 대화를 완성하십시오.

> **보기**
> 가 : 밖이 시끄러운데 왜 창문이 열려 있지요?
> 나 : 더워서 제가 창문을 열어 놓았어요.

❶ 가 : 제가 아까 문을 열었는데 왜 문이 닫혀 있지요?

나 : 밖이 좀 시끄러워서 ____________________어/아/여 놓았어요.

❷ 가 : 누가 교실에 불을 켰어요?

나 : ____________________어/아/여 놓았어요.

❸ 가 : 1년 계획을 쓴 종이가 벽에 붙어 있네요.

나 : 네, 중요한 일을 잊어버릴까 봐 ____________________.

❹ 가 : 집들이할 준비는 다 했어요?

나 : 네, ____________________.

❺ 가 : 이제 김밥을 만듭시다. 재료는 다 샀지요?

나 : 죄송해요. ____________________. 지금 곧 사 올게요.

제13과 마음만 있다면 뭐든지 다 할 수 있는 세상이지요

1. -는다면/ㄴ다면/다면

1) 보기 와 같이 다음 문장을 '-는다면'을 사용해 바꾸십시오.

> 보기
> 세계 여행을 하고 싶어요. 하지만 돈이 없어요.
> ➡ 돈이 많다면 세계 여행을 하고 싶어요.

❶ 고향에 다녀오고 싶어요. 하지만 시간이 없어요.

➡ ______________ 는다면/ㄴ다면/다면 ______________.

❷ 한국 회사에 취직하고 싶어요. 하지만 한국말을 잘 못해요.

➡ ______________ 는다면/ㄴ다면/다면 ______________.

❸ 스키를 타고 싶어요. 하지만 지금은 여름이에요.

➡ ____________________________________.

❹ 열심히 공부하겠어요. 하지만 다시 고등학생이 될 수 없어요.

➡ ____________________________________.

❺ 열심히 저축하겠어요. 하지만 젊은 시절로 돌아갈 수 없어요.

➡ ____________________________________.

2) 보기 와 같이 대화를 완성하십시오.

> 보기
> 가 : 복권에 당첨되면 무엇을 하고 싶어요?
> 나 : 만일 복권에 당첨된다면 그 돈으로 세계 여행을 하고 싶어요.

❶ 가 : 만일 여자/남자로 다시 태어나면 하고 싶은 일이 뭐예요?

나 : ______________ 는다면/ㄴ다면/다면 ______________.

❷ 가 : 고등학교 때로 돌아가면 뭘 하고 싶어요?

나 : ____________________는다면/ㄴ다면/다면 ____________________.

❸ 가 : 만일 첫사랑을 다시 만나면 무슨 말을 하고 싶어요?

나 : ____________________는다면/ㄴ다면/다면 ____________________.

❹ 가 : 만일 하루만 살 수 있다면 그 하루 동안 무슨 일을 하고 싶어요?

나 : ____________________는다면/ㄴ다면/다면 ____________________.

❺ 가 : 옛날 사람을 다시 만날 수 있다면 누구를 만나고 싶어요?

나 : ____________________는다면/ㄴ다면/다면 ____________________.

2. -는답니다/ㄴ답니다/답니다

1) **보기** 와 같이 다음 문장을 '-는답니다'을 이용해 바꾸십시오.

> **보기** 제 동생은 공부를 아주 잘합니다.
> ➡ 제 동생은 공부를 아주 잘한답니다.

❶ 제주도 경치가 아주 아름답습니다.

➡ ____________________는답니다/ㄴ답니다/답니다.

❷ 전주는 비빔밥이 유명합니다.

➡ ____________________는답니다/ㄴ답니다/답니다.

❸ 한국 사람들은 매운 음식을 잘 먹습니다.

➡ ____.

❹ 옛날에는 서울 공기가 아주 깨끗했습니다.

➡ ____.

❺ 경복궁은 옛날에 왕이 살았던 집입니다.

➡ ____.

2) **보기** 와 같이 대화를 완성하십시오.

보기	가 : 민수 씨, 형은 운동 잘해요? 나 : 네, 우리 형은 축구, 농구, 야구, 모두 잘한답니다.

❶ 가 : 유리 씨 고향은 어떤 곳이에요?
나 : 제 고향은 ________________ 는답니다/ㄴ답니다/답니다.

❷ 가 : 인천에서 구경하기 좋은 곳은 어디예요?
나 : ______________________ 는답니다/ㄴ답니다/답니다.

❸ 가 : 외국 친구하고 무슨 음식을 먹으면 좋을까요?
나 : ______________________________________.

❹ 가 : 중국어 번역을 해야 하는데 할 만한 친구가 없을까요?
나 : ______________________________________.

❺ 가 : 제일 좋아하는 가수는 누구예요?
나 : ______________________________________.

제14과 놀이공원이라든가 노래방 같은 곳에 가서 소리를 질러 봐

1. -더라

1) 영미는 어제 동창회에 못 갔습니다. 보기 와 같이 동창회에 갔다 온 은경과 영미의 대화를 완성하십시오.

> **보기**
> 영미 : 친구들이 많이 왔어?
> 은경 : 응, 50명쯤 왔더라.

❶ 영미 : 선생님도 오셨어?

은경 : ____더라.

❷ 영미 : 모임이 재미있었어?

은경 : ____더라.

❸ 영미 : 영수는 취직했어?

은경 : ____더라.

❹ 영미 : 유나는 결혼했어?

은경 : ____더라.

❺ 영미 : 진희는 어떻게 변했어?

은경 : ____더라.

2) 보기 와 같이 대화를 완성하십시오.

> **보기**
> 가 : 에릭 씨 여자 친구를 봤어?
> 나 : 응, 예쁘고 친절하더라.

❶ 가 : 제주도에 가 봤어?

나 : ____더라.

❷ 가 : 샤오밍이 어디 갔지?

나 : ____더라.

❸ 가 : 그 콘서트가 어땠어?

나 : ____.

❹ 가 : 요가를 배워 보니까 어때?

나 : ____.

❺ 가 : 새로 생긴 백화점에 가 봤어?

나 : ____.

2. 이라든가/라든가

1) **보기** 와 같이 문장을 완성하십시오.

> **보기** ____________이라든가/라든가 ____________같은 학용품을 사세요.
> (학용품 : 연필, 필통)
> ➡ 연필이라든가 필통 같은 학용품을 사세요.

❶ ____________이라든가/라든가 ____________같은 전통차를 마십시다.

(전통차 : 생강차, 유자차)

❷ _________이라든가/라든가 ________________ 같은 화장품을 선물하세요.

(화장품 : 립스틱, 영양 크림)

❸ ____________________________같은 건강식품을 부모님께 사 드리세요.

(건강식품 : 인삼, 꿀)

❹ ______________________________같은 중국 음식을 시킵시다.

(중국 음식 : 자장면, 짬뽕)

❺ ______________________________같은 옷을 사는 게 어때요?

(옷 : 티셔츠, 블라우스)

2) 보기 와 같이 대화를 완성하십시오.

보기
가 : 뭘 먹을까?
나 : 날씨가 추우니까 삼계탕이라든가 설렁탕 같은 따뜻한 음식을 먹자.

❶ 가 : 여름에는 어떤 상품이 많이 팔려요?

나 : ____________________이라든가/라든가 ____________________.

❷ 가 : 신혼여행은 어디로 많이 가요?

나 : ____________________이라든가/라든가 ____________________.

❸ 가 : 어떤 음료수를 마시고 싶어?

나 : ____.

❹ 가 : 시험을 보는 친구에게 어떤 선물을 해요?

나 : ____.

❺ 가 : 한국에서는 집들이 갈 때 무엇을 가지고 가요?

나 : ____.

제15과 그동안 잘 챙겨 주셔서 감사합니다

1. -으려던/려던 참이다

1) 보기 와 같이 다음 문장을 바꾸어 쓰십시오.

> 보기
> 그렇지 않아도 지금 창문을 닫으려고 했어요.
> ➡ 그렇지 않아도 지금 창문을 닫으려던 참이었어요.

❶ 그렇지 않아도 지금 청소하려고 했어요.

➡ ____________________________으려던/려던 참이었어요.

❷ 지금 막 나가려고 했어요.

➡ ____________________________으려던/려던 참이었어요.

❸ 그렇지 않아도 지금 전화하려고 했어요.

➡ ____________________________.

❹ 그렇지 않아도 저도 지금 점심을 먹으려고 했어요.

➡ ____________________________.

❺ 그렇지 않아도 피곤해서 저도 좀 쉬려고 했어요.

➡ ____________________________.

2) 보기 와 같이 대화를 완성하십시오.

> 보기
> 가 : 히터 좀 꺼도 돼요?
> 나 : 네, 공기가 안 좋아서 저도 지금 끄려던 참이었어요.

❶ 가 : 텔레비전 좀 그만 봐라.

나 : ____________________________으려던/려던 참이었어요.

❷ 가 : 중국집에 시킨 음식이 아직도 안 오는데 다시 전화해 봤어?

나 : ________________________________으려던/려던 참이었어요.

❸ 가 : 지금 식당에 가려고 하는데 같이 갈래요?

나 : ____.

❹ 가 : 할머니께 물을 갖다가 드렸니?

나 : ____.

❺ 가 : 어제 잠을 잘 못 자서 졸리는데 같이 커피 마시러 갈래?

나 : ____.

2. -을 텐데

1) **보기** 와 같이 문장을 만드십시오.

> **보기** 가족들이 걱정하다 / 빨리 집에 연락하세요.
> ➡ 가족들이 걱정할 텐데 빨리 집에 연락하세요.

❶ 거기는 춥다 / 두꺼운 옷을 가져갑시다.

➡ ________________을/ㄹ 텐데 ________________________.

❷ 백화점은 비싸다 / 남대문 시장에 가는 게 어때요?

➡ ________________을/ㄹ 텐데 ________________________.

❸ 곧 공연이 시작되다 / 빨리 안으로 들어가자.

➡ ____.

❹ 내일 아침은 차가 밀리다 / 오늘 밤에 출발하는 게 어때요?

➡ ______________________________.

❺ 취직할 때 여러 서류가 필요하다 / 미리미리 준비하십시오.

➡ ______________________________.

2) 보기 와 같이 대화를 완성하십시오.

보기	가 : 어서 오세요. 나 : 바쁘실 텐데 이렇게 초대해 주셔서 감사합니다.

❶ 가 : 아침을 못 먹었어요.

나 : ______________________________을/ㄹ 텐데 이 음식 좀 드세요.

❷ 가 : 요즘 계속 밤늦게까지 일해요.

나 : ______________________________을/ㄹ 텐데 오늘은 일찍 집에 가세요.

❸ 가 : 어제 잠을 못 잤어.

나 : ______________________________.

❹ 가 : 지금 밖에 눈이 많이 온대.

나 : ______________________________.

❺ 가 : 이 영화는 유명한 감독이 만든 영화래.

나 : 그럼, ______________________________.

부록

2. 듣기 지문

제1과 전망은 이 방만 못하지만 밝고 깨끗해요

과제 2

CD 01-3~6

1)
남학생 : 광고 보고 전화 드렸는데요. 아직 방이 있나요?
하숙집 아줌마 : 네, 1인실도 있고 둘이 쓸 수 있는 방도 있어요.
남학생 : 1인실은 하숙비가 얼마예요?
하숙집 아줌마 : 40만 원인데 방이 크고 좋아요.
남학생 : 오늘 그 방을 보러 가도 될까요?

2)
여학생 : 아저씨, 원룸을 구하는데요.
부동산 중개인 : 마침 학교 바로 옆에 원룸이 하나 나와 있어요. 새 건물이라서 깨끗해요.
여학생 : 월세는 얼마예요?
부동산 중개인 : 보증금 1,000만 원에 월세 30만 원이에요.

3)
남학생 : 다음 달에 학교 기숙사에서 나가야 하는데 어디가 좋을까?
여학생 : 고시원이 어때? 방은 작지만 혼자 살기에는 괜찮아.
남학생 : 어디 아는 고시원이 있어?
여학생 : 내가 사는 고시원은 지하철역에서 가깝고 근처에 공원도 있어서 좋아.
남학생 : 그래? 거기에 빈방이 있을까? 한번 알아보고 빈방이 있거든 말해 줄래?

4)
여학생 : 방 두 개짜리 아파트를 찾는데요.
부동산 중개인 : 1층에 하나 있는데 부엌이 아주 넓어요.
여학생 : 그거 괜찮은데요. 친구랑 저는 요리가 취미여서 부엌이 넓었으면 했거든요.
부동산 중개인 : 잘됐네요. 집이 비어 있어서 바로 들어가실 수 있어요.

제2과 여름도 되고 해서 머리 모양을 바꾸고 싶은데요

과제 2

CD 02-3,4

1)
손님 : 여보세요? 세탁소지요?
투피스 2벌과 스웨터를 세탁하고 싶은데 얼마인가요?
주인 : 투피스는 한 벌에 8,000원, 스웨터는 5,000원입니다.
손님 : 손상이 안 되게 세탁해 주지요?
주인 : 그럼요, 잘해 드릴 테니까 걱정하지 마세요.

손님 : 며칠이나 걸려요?
주인 : 오늘 맡기시면 사흘 후에 찾으실 수 있습니다.
손님 : 세탁물을 직접 가지고 가야 하나요?
주인 : 가까운 곳이면 저희가 세탁물을 가져오고 세탁이 끝나면 배달해 드릴 수도 있습니다. 주소가 어떻게 되십니까?
손님 : 근처 서울 아파트 102동 905호예요. 그런데 세탁비는 언제 내야 하나요?
주인 : 세탁하기 전에 내셔도 되고 세탁물을 받으실 때 내셔도 됩니다.
손님 : 오늘 맡기고 싶은데 언제 오실 수 있어요?
주인 : 오늘 오후 4시에 전화를 드리고 방문하겠습니다.

저는 컴퓨터 앞에 앉아 있을 때가 많아서 그런지 어깨와 목이 자주 아픕니다. 그래서 시간이 있을 때마다 찜질방에 갑니다. 한국에는 찜질방이 많습니다. 제가 자주 가는 찜질방은 집에서 가까운 데다가 시설도 좋습니다. 그리고 값도 별로 비싸지 않아서 부담스럽지 않습니다. 안에는 소금 방, 황토 방 같은 여러 찜질방이 있는데 가면 기분도 좋아지고 스트레스도 풀립니다. 오늘은 친구들과 같이 갔는데 친구들도 모두 좋다고 했습니다. 우리는 찜질도 하고 계란도 먹고 재미있는 이야기도 많이 나눴습니다. 앞으로도 한국에 있는 동안 찜질방을 많이 이용할 것 같습니다.

제3과 음식이 싸고 맛있대

과제 2

CD 03-3

여러분, 그동안 재미있는 구경 많이 하셨나요?

저는 여러분에게 서울의 이곳저곳을 소개해 드릴 관광 안내 도우미 김서진입니다.

금강산도 식후경이라고 먹는 것이 먼저이겠지요? 서울에는 유명한 음식점들의 거리가 많이 있는데요. 그중 몇 곳을 여러분께 소개해 드리겠습니다.

마포에 가면 유명한 돼지갈비를 맛볼 수 있습니다. 너무 유명해서 마포갈비라는 이름도 생겼지요. 정확하게 말하면 돼지갈비 주물럭이라고 합니다. 돼지고기의 갈빗살에 양념을 해서 구워 먹습니다.

신당동에는 떡볶이 골목이 있습니다. 어떤 할머니 한 분이 가게를 만들었는데 점점 인기가 많아지면서 하나둘씩 생겨났다고 합니다. 그래서 그 집을 원조라고 부르지요. 보통 떡볶이와 맛이 조금 다른데 그 맛의 비밀은 바로 자장 소스라고 합니다. 값도 싸고 양도 많아서 학생들에게 인기랍니다.

마지막으로 응암동은 감자탕이 아주 유명합니다. 응암동 시장을 찾아가면 싼값에 따뜻한 국물의 감자탕을 맛볼 수 있다고 합니다. 감자탕 골목의 역사가 벌써 20년이 넘었다고 합니다. 24시간 문을 여는 곳이 많습니다. 요즘처럼 추운 날 가까운 친구와 감자탕을 먹으면 정말 행복하겠지요?

제4과 소리가 잘 안 들려요

과제 2

CD 04-3~5

1)

가 : 전자사전 좀 빌려 줄래?

나 : 여기 있어. 안 가지고 왔어?

가 : 내 것이 고장이 났어. 안 켜져.

나 : 왜 그렇게 된 거야?

가 : 그동안 여러 번 떨어뜨려서 그렇게 된 것 같아.

나 : 전자사전을 그렇게 관리하면 안 되지. 나는 전자사전이 떨어지지 않게 조심하고 닦을 때도 젖은 수건으로 닦지 않고 마르고 부드러운 천으로 닦아. 그리고 자판을 누를 때도 고장이 나지 않게 살살 눌러 주고.

가 : 야, 네 전자사전은 새것 같다. 언제 산 거야?

나 : 5년 전에 산 건데 아직까지 한 번도 고장 난 적이 없어.

가 : 너는 전자사전을 정말 잘 관리하고 있구나. 조심해야 할 점이 있으면 더 알려 줘.

나 : 지난번에 보니까 전자사전을 바지 뒷주머니에 넣고 다니던데 그렇게 하면 안 돼. 화면 부분이 깨질 수 있거든. 그리고 꼭 케이스에 넣어서 보관해야 해.

2)

여러분, 전자레인지를 어떻게 관리해야 하는지 아세요?

전자레인지는 안이 비어 있는 상태에서는 돌리지 마세요. 불이 나거나 고장이 날 수 있거든요. 그리고 사용할 때는 꼭 문을 닫고 사용해야 합니다. 금속성 그릇이나 뚜껑이 있는 병은 절대로 안에 넣으면 안 되는 것 알고 계시지요? 다칠 수 있으니까요. 전자레인지 전용 그릇을 사용하시고 뜨거운 음식물을 꺼낼 때는 장갑을 사용하시는 게 좋습니다.

3)

구매자 : 사진기를 떨어뜨리면 안 되겠지요?

종업원 : 그럼요. 사진기는 렌즈가 깨질 수 있으니까 절대로 떨어뜨리면 안 됩니다. 그리고 날카로운 물건에 닿아도 안 되고 렌즈에 물이 들어가도 안 됩니다.

구매자 : 메모리 카드와 배터리 사용법도 알려 주세요.

종업원 : 메모리 카드를 안에 넣으실 때는 힘을 너무 주지 말고 살짝 넣으세요. 그리고 배터리를 보관하실 때는 사진기에 넣지 말고 빼 놓고 보관하시는 게 좋습니다.

제5과 요즘은 현금을 내는 대신에 교통 카드를 많이 써

과제 2

CD 05-3~5

1)

가 : 시간이 없는데 택시를 타는 게 어때요?

나 : 여기에서 직접 가는 버스가 많이 있으니까 버스를 타는 게 더 빠를 거예요.

가 : 택시보다 버스가 더 빨리 갈 수도 있어요?

나 : 네, 버스만 다닐 수 있는 버스 전용 차선이 있어서 그래요. 보통 차선은 하얀색인데 버스 전용 차선은 파란색이에요. 여기 보이는 이 선이 버스 전용 차선이에요.

가 : 그럼 종합 운동장까지 한 시간 안에 갈 수 있을까요?

나 : 네, 갈 수 있을 테니까 걱정하지 마세요.

2)

가 : 이 지하철에는 사람이 너무 많네.

나 : 아, 이건 급행 지하철이라서 그래.

가 : 급행 지하철? 그런 것도 있어? 내가 자주 타는 2호선에는 이런 지하철이 없는데.

나 : 응, 지하철 9호선에 새로 생긴 건데 서는 역이 많지 않아서 빨리 갈 수 있어. 공항까지 빨리 갈 수 있어서 이용하는 사람들이 많아.

가 : 5분 후에 다음 지하철이 올 텐데 그걸 탈까?

나 : 아마 그건 일반 지하철일 거야. 그 지하철을 타면 시간이 많이 걸릴 테니까 그냥 이걸 타자. 모임에 10시까지 가야 하잖아.

3)

가 : 이 버스 앞에 쓰여 있는 '좌석 없음'이 무슨 뜻이야?

나 : 그건 지금 그 버스에 남아 있는 빈 좌석이 없다는 뜻이야.

가 : 그걸 보면 앉아서 갈 수 있는지 서서 가야 하는지 알 수 있겠구나.

나 : 응, 그래서 앉아서 가고 싶은 사람은 '좌석 없음'이라고 쓰여 있을 때는 그 버스를 타지 않고 다음 버스를 기다리기도 해. 나는 시간이 많거나 몸이 아플 때는 이용하지만 그렇지 않을 때는 그냥 타.

가 : 나는 지금 피곤하니까 앉아서 가고 싶은데...

나 : 그럼 시간적인 여유가 있는데 이 버스를 타지 말고 다음 버스를 탈까?

제6과 개봉하자마자 관객수가 20만 명을 넘었대

과제 2

CD 06-3

먼저 영화 소개 프로그램은 물론이고 예고도 절대로 보지 말아야 합니다. 예고편이나 소개 프로그램을 보면 영화를 있는 그대로 감상할 수가 없습니다. 자세한 줄거리나 인물의 성격까지 다 알면 영화를 보면서 추측해 가는 재미가 없습니다. 특히 영화의 반전은 놓칠 수 없는 영화의 재미인데 그걸 다 알고 보면 진짜 재미가 없어집니다.

두 번째는 영화의 장르를 알고 보는 것입니다. 모를 때는 포스터를 보거나 친구에게 물어보면 쉽게 알 수 있습니다. 사람은 각기 다른 취향을 가지고 있기 때문에 취향에 맞는 영화를 봐야 재미가 있습니다. 영화를 자주 안 보는 사람일수록 자기가 좋아하는 장르만 보는 것이 좋습니다. 그리고 특히 싫어하는 장르가 있는 사람에겐 더 필요한 방법입니다.

세 번째는 영화를 보면서 비난하지 말고 마음을 넓게 가지는 것입니다. 영화를 재미있게 보려면 너무 기대를 많이 하면 안 됩니다. 감독, 주연배우의 이름만 보고 너무 기대를 하면 그만큼 실망할 수 있습니다. 평점이 10점 만점에 9점이라서 봤는데 실망했다는 말을 많이 듣습니다. 그것은 9점에 너무 기대를 했기 때문입니다.

제7과 배우들의 연기가 정말 훌륭하던데요

과제 2

CD 07-3

〈앵커〉

다음은 이번 주에 새로 나온 공연을 소개하는 시간입니다. 김태희 기자가 소개합니다.

〈기자〉

먼저 세계적으로 유명한 피아니스트 조지 윈스턴이 한국을 찾아옵니다.

이번 공연에서는 특별히 한국 팬들을 위해서 가을에 어울리는 감성적인 피아노곡들을 연주할 예정이라고 합니다.

--

다음은 이번 주말 올림픽 공원에서 2013년 세계 비보이 대회가 열립니다.

미국과 일본, 중국 등 16개국 200여 명이 참가한다고 합니다. 각 나라 대표 선수들도 응원하고 신나는 비보잉 공연도 보면서 주말을 보내는 것도 좋을 듯합니다.

--

마지막으로 가야금 연주자 정민아가 홍대 클럽에서 콘서트를 합니다. 전통악기 가야금의 새로운 현대화! 정민아 씨는 노래하는 가야금 연주자로 유명합니다. 12줄인 가야금을 25줄로 만들어 더 다양한 음을 낸다고 합니다. 인상적인 가야금 연주를 만나실 수 있을 겁니다.

--

〈앵커〉

네, 잘 들었습니다. 시청자 여러분, 이번 주말에는 아름다운 가을에 맞는 명곡과 만나 보시는 것도 좋을 듯합니다.

제8과 밥도 먹이고 같이 놀아 주기도 해요

과제 2

CD 08-3

남자 : 유키, 왜 이렇게 힘이 없어?

유키 : 응, 요즘 한국 생활에 익숙해져서 그런지 많이 게을러졌어. 오늘도 특별히 한 일도 없이 시간을 보냈어.

남자 : 그럼 나랑 같이 자원봉사를 해 보는 게 어때?

유키 : 자원봉사? 난 아직 한국말을 잘 못 하는데 할 수 있을까?

남자 : 서울시 자원봉사 센터에는 외국인이 할 수 있는 봉사 프로그램이 많아. 나는 요즘 주민 센터 도서관에서 책을 대출해 주는 일을 하고 있어. 말이 나왔으니까 인터넷에서 한번 찾아볼까?

(키보드 두드리는 소리가 들린다.)

남자 : 이것 봐. 무료 급식 봉사도 있고 공부방에서 영어를 가르치는 일도 있어.

유키 : 정말 그렇구나. 할 수 있는 일이 많네.

남자 : 봉사 활동을 하면 나 자신에게 좋은 경험이 되고 보람도 얼마나 큰지 몰라.

유키 : 난 일주일에 한 번 정도 양로원에 가서 할아버지, 할머니의 이야기 상대가 되어 드리는 일부터 해 봐야겠어. 한국말이 아직 서투르긴 하지만 외로운 어르신들의 말씀을 듣고 재미있는 이야기도 하면서 한 가족같이 지낼 수 있었으면 좋겠어.

남자 : 좋은 생각이야. 내일 바로 서울시 자원봉사 센터에 가서 직접 알아보자.

제9과 오래 기다리게 해서 미안해요

과제 2

CD 09-3,4

1)

아저씨: 제임스 씨, 어제 축하 파티는 재미있었습니까?

제임스: 네, 아주 즐거웠어요. 그런데 한 가지 여쭈어 볼 게 있어요.

아저씨: 말씀하세요. 뭔데요?

제임스: 제가 친구 어머니께 "부인 초대해 주셔서 감사합니다"라고 하니까 거기 있던 사람들이 웃었어요. 왜지요?

아저씨: 아이고, 외국어를 그대로 번역했군요. 아무리 외국 사람이라도 친구의 어머니를 부인이라고 부르면 안 돼요. '어머니'라고 불러야 해요.

제임스: 그래요? 어떡하죠? 친구 어머니께 사과 드려야겠는데요.

2)

샤오밍 : 아주머니, 저는 아주머니께서 해 주시는 음식이 제일 맛있어요. 그래서 요즘은 식사 시간이 너무 즐거워요.

아주머니: 고마워요, 샤오밍 씨. 그런데 샤오밍 씨한테 한 가지 가르쳐 주고 싶은 게 있는데 한국에서는 식사할 때 그렇게 밥그릇을 들고 먹으면 안 돼요. 밥그릇은 상 위에 놓고 먹어야 해요.

샤오밍 : 어, 그래요? 중국에서는 보통 이렇게 먹는데... 죄송해요.

아주머니: 괜찮아요. 샤오밍 씨가 몰라서 그런 건데요, 뭐. 집에서는 괜찮은데 샤오밍 씨가 한국 회사에 다니니까 중요한 모임에서 실수할까 봐 가르쳐 주는 거예요.

샤오밍 : 아주머니, 정말 고맙습니다. 제가 한국의 식사 예절을 몰라서요... 앞으로도 틀린 게 있으면 바로바로 가르쳐 주세요. 잘 부탁 드려요.

제10과 내가 사다가 줄까요?

과제 2

CD 10-3,4

1)

유리 : 쓰레기를 버릴 때는 꼼꼼히 분리해서 버려야 하는 거 아시지요?

영수 : 네. 알긴 알지만 좀 귀찮을 때도 있어요.

유리 : 특히 잘 썩지 않는 쓰레기는 더 주의해서 버려야 해요.

영수 : 예를 들어 우유 팩이나 담배꽁초 같은 거 말이지요? 우유 팩은 썩어서 없어지는 데 5년 걸리고 담배꽁초는 10년에서 12년쯤 걸린다는 이야기는 들었는데요.

유리 : 그 뿐 아니라, 스타킹 같은 나일론 제품은 30년에서 40년, 칫솔은 100년, 알루미늄 캔은 500년이나 걸린대요.
영수 : 정말이요? 그럼 그런 쓰레기를 분리해서 버리지 않으면 환경에 정말 나쁜 영향을 주겠군요.
유리 : 맞아요. 그러니까 좀 번거로워도 쓰레기는 잘 분리해서 버려야 한다는 말이에요.

2)
리포터 : 요즘 가정에서나 직장에서나 우리의 소중한 환경을 위해 많은 노력들을 하고 계십니다. 오늘은 여러 주부님들께 가정에서 어떤 노력을 하시는지 여쭤 보겠습니다.
주부1 : 저는 음식물 쓰레기를 버릴 때 물기를 완전히 빼고 버립니다. 물기가 있으면 쓰레기도 많을 뿐만 아니라 나쁜 냄새가 나니까요. 그리고 귤이나 오렌지 껍질은 세제로 사용합니다. 설거지할 때 기름기가 많은 그릇을 귤껍질로 닦으면 금방 깨끗해집니다. 옷을 세탁할 때도 사용하면 새 옷처럼 하얘져요.
주부2 : 저는 전기를 쓰지 않을 때는 전깃줄을 모두 빼요. 우리가 사용하지 않을 때에도 전기가 조금씩 흐른다고 해서요. 그리고 튀김 요리를 할 때는 오븐 팬에 해요. 기름을 거의 쓰지 않아서 건강에도 좋거든요. 그리고 종이컵이나 화장지 대신에 제 개인 컵과 제 손수건을 사용합니다. 그렇게 하면 우리의 소중한 나무를 지킬 수 있잖아요.
주부3 : 저는 시장 갈 때 비닐 봉투를 사용하지 않으려고 꼭 장바구니를 가지고 갑니다. 그리고 채소를 살 때 적게 포장된 것을 선택합니다. 채소는 빨리 먹지 않으면 버리게 되니까요.
리포터 : 네, 역시 우리 주부님들이군요! 여러분들도 우리 주부님들처럼 늘 환경을 생각하는 습관을 가지시기 바랍니다.

제11과 벼룩시장에 쓸 만한 게 많을 거야

과제 3

CD 11-3

여러분의 집은 깨끗한가요? 물건들이 잘 정리되어 있나요? 혹시 오래된 물건들이 집에 쌓여 있지는 않나요?

유행이 지나서 입지 못하는 옷들, 오래된 책들, 필요 없는 아이들의 장난감들!

이런 물건들은 집에 자꾸 쌓이고 이사를 할 때마다 큰 짐들이 됩니다. 지금 쓰지는 않지만 그냥 버리기에는 아까운 물건들! 이런 물건들을 아름다운 가게에 기증해 보십시오.

아름다운 가게가 뭐냐고요? 아름다운 가게는 쓰지 않는 헌 물건, 필요 없는 물건을 필요한 사람들을 위해서 기증하는 곳입니다. 여러분이 기증하신 물건들은 수선, 수리를 해서 판매되고 거기에서 생기는 이익으로 어려운 이웃들을 도울 수 있습니다. 지난 2002년 10월 서울 안국동에 1호점으로 시작된 아름다운 가게는 이제 전국에서 편리하게 만날 수 있습니다.

나에게 더 이상 필요 없지만 다른 사람들에게는 필요한 물건! 의미 있게 사용할 수 있도록 기증해 보세요.

기증품을 정리한 후에 전화 1577-1113 혹은 아름다운 가게 홈페이지에서 기증 신청을 해 주십시오. 아름다운 가게에서 직접 방문하여 수거합니다. 가까운 가게를 찾아 직접 기증하실 수도 있습니다.

제12과 비자를 연장하려고 예약해 놓았거든요

과제 2

CD 12-3~5

1)

남자: 오늘 표정이 아주 밝은 걸 보니 좋은 약속이 있는 모양이에요.

여자: 하하, 특별한 약속은 아니고요, 이따가 좋아하는 배우가 나오는 영화를 보러 가거든요.

남자: 아, 그래요? 그럼 죄송하지만 부탁 하나 해도 될까요?

여자: 네, 말씀하세요.

남자: 이번 토요일이 친구 생일인데 영화 표를 선물할까 하고요. 극장에 가는 길에 예매 좀 해 줄 수 있어요?

여자: 그럼요. 무슨 영화인데요?

남자: '우리들의 아름다운 시간'요. 일요일 오후 걸로 두 장 부탁해요. 정말 고마워요.

여자: 고맙기는요. 어려운 일도 아닌데요, 뭐.

2)

남자: 저 부탁이 있는데요.

여자: 무슨 부탁인데요?

남자: 주말에 노트북 컴퓨터를 빌릴 수 있을까요?

여자: 노트북요? 샤오밍 씨도 노트북 있잖아요?

남자: 고장 나서 수리를 맡겼는데 좀 오래 걸린다고 해서요. 월요일까지 해야 하는 일이 있는데 피시방에서 하기는 좀 힘들거든요.

여자: 미안하지만 저도 이번 주말에 보고서를 써야 해서 빌려 주기 어렵겠는데요. 어떻게 하지요?

남자: 괜찮아요. 귀찮게 해서 미안해요. 다른 사람한테 물어볼게요.

3)
여자: 저, 죄송합니다만, 혹시 좌석 좀 바꿔 주실 수 있을까요?
남자: 좌석이요?
여자: 네, 친구하고 같이 미국까지 가는데 친구하고 자리가 멀어서요.
남자: 친구분 자리가 어딘데요?
여자: 제일 뒤쪽 통로 옆이에요.
남자: 죄송하지만 그건 좀 곤란한데요. 저도 창가에 편하게 앉으려고 미리 예약했거든요. 긴 여행이라서 좀 힘들 것 같아요.
여자: 네, 잘 알겠습니다. 신경 쓰시게 해서 정말 죄송합니다.

제13과 마음만 있다면 뭐든지 다 할 수 있는 세상이지요

과제 2

CD 13-3

제3회 "스마트한 세상" 전시회에 오신 것을 진심으로 환영합니다.

여러분들께서는 이번 전시회를 통해 과학기술이 우리 생활을 어떻게 변화시킬지 먼저 보실 수 있습니다.

먼저 앞쪽의 전자 제품 부스를 한번 볼까요?

미래의 냉장고는 문을 열어 내용물을 확인할 필요가 없습니다. 냉장고 문의 터치스크린을 통해 어떤 음식물이 들어 있는지 확인할 수 있습니다. 또한 안에 있는 재료로 만들 수 있는 음식의 요리 방법까지 알려 준답니다. 똑똑한 냉장고지요?

그 옆을 보십시오. 이렇게 얇은 태블릿 PC를 보셨습니까?

앞으로 학생들은 무거운 교과서 대신에 이런 종이처럼 가벼운 PC를 가지고 다니면서 읽고 쓸 수 있습니다. 또한 이 PC로 3D 영상도 볼 수 있습니다.

다음으로 이 전자잡지는 종이 문서를 보듯 편리하게 사용할 수 있으며, 아이디어는 그때그때 음성으로 남길 수도 있답니다. 또한 화면을 만지지 않아도 손동작만으로 차트를 크게 보거나 화면을 넘기는 것이 가능합니다.

이 밖에도 30여 가지의 첨단 기술을 더 보실 수 있습니다.

그럼, 여러분, 천천히 구경하시면서 미래의 편리한 생활을 미리 만나 보시길 바랍니다. 감사합니다.

제14과 놀이공원이라든가 노래방 같은 곳에 가서 소리를 질러 봐

과제 2

CD 14-3

기자 : 현대인은 모두 스트레스를 받으며 살아가고 있다고 합니다. 스트레스는 우리 몸에 어떤 영향을 주나요?

김 박사 : 스트레스를 받으면 두통이 생기고 잠을 못 잘 수 있습니다. 심하면 큰 병에 걸릴 수도 있습니다.

기자 : 그럼 스트레스를 받았을 때는 어떻게 푸는 게 좋을까요?

김 박사 : 감정을 감추지 않고 겉으로 표현하는 게 좋습니다. 속마음을 다른 사람에게 말하면 감정이 정리되고 문제가 해결되는 경우가 많습니다. 그리고 취미 생활도 스트레스 해소에 도움이 될 수 있습니다. 음악이나 영화 감상, 운동, 독서, 쇼핑 등 자신이 좋아하는 것을 하면 스트레스가 어느 정도 풀릴 거예요.

기자 : 감정을 표현하는 것이 좋다고 하셨는데 어떻게 감정을 표현하는 것이 좋을까요?

김 박사 : 속마음을 말로 표현하는 것도 좋고 글로 써 보는 것도 스트레스 해소에 도움이 됩니다. 펜을 들고 종이에 무엇이 문제인지, 그리고 그 문제를 해결하기 위해서는 어떤 방법들이 있는지 쓰면 생각이 잘 정리되고 마음이 편해질 거예요.

기자 : 스트레스를 받고 있는 사람에게는 어떻게 해 주는 것이 좋습니까?

김 박사 : 무엇보다 그 사람을 이해해 주는 것이 중요합니다. 이해를 받았다고 느끼는 순간 스트레스가 어느 정도 해소되고 마음이 가벼워집니다.

기자 : 이렇게 시간을 내 좋은 말씀을 해 주셔서 감사합니다.

제15과 그동안 잘 챙겨 주셔서 감사합니다

과제 2

CD 15-3

오늘은 애청자로부터 온 감동적인 사연을 하나 소개하려고 합니다.

서울에 사시는 제임스 씨가 보낸 사연입니다. 외국 분이 보낸 사연이네요.

안녕하세요? 저는 1년 전에 한국에 와서 공부하고 있는 유학생입니다.

한국에 온 지 얼마 되지 않았을 때 제가 사고로 병원에 입원한 적이 있습니다. 그때 한국말도 잘 모르고 외국에서 입원을 하니까 외롭고 무서웠습니다. 그런데 아침 일찍부터 병원을 돌면서 활짝 웃는 얼굴로 환자들 한 명 한 명의 안부와 상태를 살피며 얘기하는 이미선 간호사님의 모습에 마음이 많이 편해졌습니다. 외국인들에게 친절하게 잘 대해 주시고 말도 통하지 않는 저에게 여러 가지로 많은 도움을 주셨습니다. 주사도 안 아프게 놓아 주시고 열이 올라서 힘들어할 때는 밤에도 한 번도 빠짐없이 병실에 와서 누나처럼, 엄마처럼 챙겨 주셨습니다. 덕분에 생각보다 일찍 퇴원해서 건강하게 생활하고 있습니다. 힘들 때마다 그 간호사님을 생각하면 기분이 좋아지고 마음이 따뜻해진답니다. 얼마 전에 간호사님을 만나러 병원에 갔는데 병원을 그만두셨다고 해서 이렇게 사연을 보냅니다.

간호사님! 지금 듣고 계시면 꼭 저에게 연락주세요.

부록

3. 모범 답안

〈본문〉

제1과

어휘

1) 하숙집　　4) 아파트
2) 원룸　　5) 단독주택
3) 기숙사

문법

1. 생략
2. 1) 내 방
   2) 듣기 시험 점수가 쓰기 시험 점수
   3) 아니요, 태평 씨 노래 실력이 범수 씨 노래 실력만 못해요.
   4) 고시원이 원룸만 못해요.
   5) 집에서 DVD 보는 것이 극장에서 영화 보는 것만 못해요.

과제 2

01.
1. ❶ 2. ❸ 3. ❷ 4. ❷

과제 3

01.
1. 하숙집에 대한 정보를 알려 주려고
2. (나) 하숙집 찾는 방법 (다) 하숙비 (라) 하숙집의 장단점 (마) 끝인사
3. ❷

제2과

어휘

1) 줄였습니다　2) 굽을 갈고　3) 구두를 닦아
4) 다림질하고　5) 드라이클리닝해

문법

1. 생략
2. 1) 오늘은 놀 수 있게 숙제를 조금만 내 주세요.
   2) 어린 아이도 먹게 맵지 않게 해 주세요.
   3) 지나가게 좀 비켜 주세요.
   4) 공부하게 조용히 해 주세요.

과제 2

01.
1. 투피스 2벌과 스웨터
2. ❸
3. ❶ ○　　❷ X　　❸ X

02.
1. 찜질방
2. 찜질도 하고 계란도 먹고 재미있는 이야기도 많이 나눴습니다.
3. ❷

과제 3

01
1. 편의점
2. 작은 슈퍼마켓보다는 다양하고 대형 마트보다는 가깝게 이용할 수 있다.
3. ❶

02
1. 병원 홈페이지
2. 친구
3. 치료 비용과 ○○○크림을 계속 사용하는 게 좋은지 문의했다.

제3과

어휘

1) 추천했다.　　2) 제안했다.
3) 권했다.　　4) 안내해

문법

1. 1) 6시에 만난대요.
   2) 신촌 백화점 앞에서 만날 거래요.
   3) 꼭 오래요.
   4) 수업이 늦게 끝난대.
   5) 6시 30분쯤 가도 되냬.
2. 1) 여자친구가 있기는요.
   2) 다 하기는요. 이제 시작해야 하는데요.
   3) 잘하기는요. 아직 초보 운전인데요.
   4) 돈이 많기는요. 월급이 쥐꼬리만해서 매일 아내 눈치만 봐요.
   5) 생략

과제 2

01.

1. ❸
2. ❶ 마포 — 돼지갈비
   ❷ 신당동 — 떡볶이
   ❸ 응암동 — 감자탕
3. ❶X, ❷X, ❸○, ❹○

과제3

01

1.

식당 이름	행복 갈비
위치	국립 극장 근처
주요 메뉴	불고기/ 갈비탕
추천하는 이유	고기의 양이 많다, 싸다, 맛있다

제4과

어휘

1) 수리를 요청했다 2) 이상이 있다고
3) 수리해/고쳐 4) 보증 기간이 6) 수리비

문법

1. 1) 꽃병에 꽂혀 있습니다.
   2) 엄마에게 안겨 있습니다.
   3) 걸려 있습니다.
   4) 문이 닫혀 있습니다.
   5) 창문이 열려 있습니다.
   6) 한강이 보입니다.
   7) 음악 소리가 들립니다.
2. 1) 값도 싸고요. / 값도 비싸고요.
   2) 방이 커요. 밝고요. / 방이 작아요. 어둡고요.
   3) 좁아요. 집에서 멀고요. / 넓어요. 집에서 가깝고요.
   4) 시설이 좋지 않아요. 값도 비싸고요.
      / 시설이 좋아요. 값도 싸고요.
   5) 메뉴가 다양하지 않아요. 반찬도 별로 없고요.
      / 메뉴가 다양해요. 반찬도 여러 가지 많이 주고요.

과제 2

01.

1. 전자사전 2. ❶

02.

1. 전자레인지 2. ❶

03.

1. 사진기 2. ❹

과제 3

01.

1. 세탁기 2. ❷ 3. ❷

제5과

어휘

1) 발매기 2) 보증금 환급기 3) 단말기가
4) 댑니다 5) 환승할

문법

1. 1) 요즘은 음악 CD를 사는 대신에 MP3

플레이어로 음악을 들어요.
2) 요즘은 수첩에 메모하는 대신에 휴대전화에 저장을 해요.
3) 요즘은 종이 신문을 읽는 대신에 인터넷 신문을 읽어요.
4) 요즘은 서점에 가서 책을 사는 대신에 인터넷 서점에서 전자책을 내려받아요.
5) 요즘은 사진을 사진첩에 보관하는 대신에 휴대 전화 사진함에 보관해요.

2. 생략

과제 2

01	1. 버스 전용 차선	2. ❶ X ❷ X
02	1. 급행 지하철	2. ❶ ○ ❷ X
03	1. 버스 잔여 좌석	2. ❶ X ❷ X

과제 3

01

1. 고속도로 교통정보 앱, 휴게소 정보 앱
2. 고속도로의 막히는 곳, 통행 속도, 전국 고속도로에 있는 폐쇄 회로 TV(CCTV) 화면
3. ❸

제6과

어휘

1) 공포 영화는
2) 개봉해요.
3) 공상 과학를
4) 매진돼서
5) 멜로 영화를

문법

1. 1) 버스 정류장에 도착하자마자 버스를 탔어요.
2) 버스를 타자마자 고장이 났어요.
3) 고장 나자마자 버스에서 내렸어요.
4) 버스에서 내리자마자 지하철역으로 뛰어갔어요.
5) 지하철을 타자마자 지하철이 출발했어요 (문이 닫혔어요)

2. 1) 아르바이트를 하느라고 힘들었어요.
2) 드라마를 보느라고 빨래를 못 했어요.
3) 컴퓨터 게임을 하느라고

과제 2

01

1. ❸ 2. ❸, ❹

과제 3

01

1. ❶ 조선 명탐정
❷ 김명민
❸ 줄거리: 명탐정이 위기를 겪으면서 사건을 수사하는 과정
❹ 사건을 풀어 가는 과정의 재미/ 조연의 연기/ 반전

제7과

어휘

1) 감동적이다	재미없다/ 졸리다
2) 인상적이다	눈물이 난다/마음이 움직인다
3) 실감 나다	기억에 오랫동안 남는다
4) 지루하다	진짜인 것 같다
5) 환상적이다	꿈을 꾸는 것 같다

문법

1. 1) 사람이 많던데요.
2) 친절하던데요.
3) 많던데요.
4) 맛있던데요.
5) 다양하던데요.

2. 생략

과제 2

01

1. ❸

2. ❶ 조지 윈스턴 - 피아노 연주 - 감성적이다
❷ 비보이들 - 비보이 대회 - 신나다
❸ 정민아 – 가야금 연주 – 인상적이다
3. ❶ ○, ❷ ×, ❸ ×

과제 3

01.
1. 공연 일시, 장소, 시간, 공연료, 작품 소개
2. ❷
3. ❶, ❹

제8과

어휘

1) 양로원
2) 무료 급식소
3) 공부방
4) 장애인 시설
5) 보육원

문법

1. 1) 어린이에게 약을 먹여요.
2) 낮잠을 재워요.
3) 어린이를 깨워요.
4) 어린이를 휠체어에 태워 산책을 시켜요.
5) 어린이를 씻겨요.
6) 환자복으로 갈아입혀요.
2. 1) 소화제를 넣었어요.
2) 갑자기 비가 올까 봐 우산을 가지고 가요.
3) 추워질까 봐 두꺼운 옷을 가지고 가요.
4) 길을 잃어버릴까 봐 지도를 가지고 가요.
5) 여행하다가 심심할까 봐 책을 가지고 가요.

과제 2

01.
1. ❷ 2. ❶, ❸
3. ❶ X ❷ X ❸ ○ ❹ ○

과제 3

01. 1. ❸ 2. 벽, 꾸미, 무료 3. ❷

제9과

어휘

1) 양해를 구하려고
2) 사과했다
3) 변명하는
4) 용서를 비는

문법

1. 생략
2. 1) 설탕을 넣는다는 것이 소금을 넣었다.
2) 새 양복을 입는다는 것이 10년 된 헌 양복을 입었다.
3) 교통 카드를 댄다는 것이 신분증을 댔다.
4) 1122번을 탄다는 것이 1022번을 탔다.
5) 발표 자료를 넣는다는 것이 한국어 교과서를 넣었다.

과제 2

01.
1. ❷ 2. ❶ X, ❷ ○
02.
1. 한국의 식사 예절을 잘 몰라서 (혹은 나라마다 문화가 달라서)
2. ❶ ○, ❷ X

과제 3

01. 1. ❷
2.

표현	그러나 / 만약 기분이 나쁘셨다면 사과하겠습니다.
이유	상대방에게도 잘못이 있다는 느낌을 주거나 자신의 잘못을 인정하기 어렵다는 의미가 들어 있기 때문에

3. ❶ ○, ❷ X

02.

1. 친구의 생일을 잊어버린 것

제10과

어휘

1) 재활용 쓰레기
2) 음식물 쓰레기
3) 대형 쓰레기
4) 일반 쓰레기
5) 배출하면
6) 수거해

문법

1. 1) DVD를 빌려다가 봤어요.
   2) 꽃을 사다가 꽃병에 꽂았어요.
   3) 사진을 찍어다가 벽에 걸었어요.
   4) 돈을 찾아다가 옷을 샀어요.
   5) 콘서트에 가서 사인을 받아다가 벽에 걸었어요.
2. 1) 백설 공주: 아침에 일찍 일어나도록 하세요.
   친구 2 : 네, 아침에 일찍 일어나도록 하겠습니다.
   2) 백설 공주: 음식을 짜게 먹지 않도록 하세요.
   친구 3 : 네, 음식을 짜게 먹지 않도록 하겠습니다.
   3) 백설 공주: 더 열심히 공부하도록 하세요.
   친구 4 : 네, 더 열심히 공부하도록 하겠습니다.
   4) 백설 공주: 컴퓨터 게임을 많이 하지 않도록 하세요.
   친구 5 : 네, 컴퓨터 게임을 많이 하지 않도록 하겠습니다.
   5) 백설 공주: 청소를 깨끗이 하도록 하세요.
   친구 6 : 네, 청소를 깨끗이 하도록 하겠습니다.
   6) 백설 공주: 집에 일찍 돌아오도록 하세요.
   친구 7 : 네, 집에 일찍 돌아오도록 하겠습니다.

과제 2

01.

1. 우유 팩 5년, 칫솔 100년, 알루미늄 캔 500년
2. ❹

02.

1. 환경을 보호하기 위해
2. 주부 1 껍질을
   주부 2 전원을, 기름을, 개인 컵과, 손수건을
   주부 3 장바구니를, 포장

과제 3

01.

1. ❹
2. 두 개의 쓰레기 산
3. ❷

제11과

어휘

1) 이월 상품	제때 팔지 못하고 남아 있는 상품
2) 벼룩시장	중고품을 팔고 사는 시장
3) 직거래	생산자와 소비자가 직접 팔고 사는 것
4) 물물교환	물건과 물건을 서로 바꾸는 것
5) 장터	시장이 열리는 곳

문법

1. 생략
2. 1) 비빔밥하고 콩나물국밥이 먹을 만해요.
   2) 술 박물관이 구경할 만해요.
   3) 한옥 민박 집이 잘 만해요.

과제 1

01.

1. 쓰던 물건(중고품)을 팔기 위해서
2. ❸, ❺

과제 3

01.
1. 헌 물건, 필요 없는 물건을 필요한 사람들을 위해서 기증하는 곳
2. 아름다운 가게에 전화하거나 홈페이지에서 기증 신청을 한다. 또는 직접 가까운 매장에 가지고 간다.
3. ❸

제12과

어휘

1) 부탁을 받으면
2) 부탁을 거절하는
3) 부탁을 들어주어서
4) 부탁을 거절당해서

문법

1. 1) 남동생이 공을 들고 있는 걸 보니 축구를 한 모양입니다.
   2) 할머니께서 주무시는 걸 보니 피곤하신 모양입니다.
   3) 여동생이 웃는 걸 보니 TV가 재미있는 모양입니다.
   4) 형이 그림을 많이 그린 걸 보니 그림 그리기를 좋아하는 모양입니다.
   5) 누나가 열심히 공부하는 걸 보니 시험이 가까운 모양입니다.
2. 1) 칠판에 축하 메시지를 써 놓았어요.
   2) 케이크에 촛불을 켜 놓았어요.
   3) 과자와 음료수를 사 놓았어요.
   4) 선물을 숨겨 놓았어요.
   5) 풍선을 불어 놓았어요.

과제 2

01.
1. 극장에 가는 길에 영화 표를 사다 달라고 부탁했다.
2. 부탁을 들어주었다.

02.
1. 주말에 노트북을 빌려 달라고 부탁했다.
2. 주말에 보고서를 써야 해서 거절했다.

03.
1. 비행기 안
2. ❷

과제 3

01.
1. ❶ 2. ❶ X, ❷ X, ❸ ○, ❹ ○

제13과

어휘

1) 스마트폰으로
2) 화상 통화로
3) 가사 도우미 로봇이
4) 무인 자동차가
5) 전자책이

문법

1. 생략
2. 1) 말을 잘 듣는답니다.
   2) 유명한 피아노 대회에서 상을 받았답니다.
   3), 4), 5) 생략

과제 2

01.
1. ❷
2. ❸
3. ❸, ❹

과제 3

01.
1. ❹
2. ❶ 스마트 의류(온도에 따라서 바뀌는 옷)

❷ 식사는 캡슐로 대신
❸ 잠만 자는 것이 아니라 여러 가지 일을 하는 곳으로 바뀜.
❹ 로봇이 한다.
❺ 우주 여행

제14과

어휘

1) 받는다고 2) 풀어야 3) 쌓였다고 4) 풀릴

문법

1. 1) 응, 사람들이 아주 많이 왔더라.
   2) 밴드가 연주를 잘하더라.
   3) 응, 표가 아주 비싸더라.
   4) 의상이 정말 화려하더라.
   5) 응, 무대가 아주 크더라.
2. 1) 자동차라든가 인형
   2) 등산복이라든가 등산 배낭
   3) 소설책이라든가 시집
   4) 장미라든가 카네이션
   5) 목걸이라든가 귀걸이 / 액세서리가

과제 2

01.
1. ❷, ❹
2. 감정을 감추지 않고 겉으로 표현하며, 취미 생활을 하는 게 좋다고 합니다.
3. 스트레스를 받는 사람을 이해해 주는 것이 중요하다고 합니다.

과제 3

01.
1. 직장인 400명에게 직장 내 스트레스에 대해서 조사했습니다.
2. '무조건 해' 라고 말하는 상사
3. ❶ ○ ❷ X

제15과

어휘

1) 도움을 주었다
2) 사례하고
3) 은혜를 베푸신
4) 은혜를 입었습니다
5) 은혜를 갚을

문법

1. 1) 네, 그렇지 않아도 로라 씨에게 전화하려던 참이었어요.
   2) 네, 그렇지 않아도 지금 책을 꺼내려던 참이었어요.
   3) 죄송해요. 안 그래도 지금 앉으려던 참이었어요.
   4) 아니요, 가지고 왔어요. 안 그래도 지금 숙제 공책을 내려던 참이었어요.
   5) 안 그래도 더워서 지금 에어컨을 켜려던 참이었어요.
2. 1) 피카소 그림 전시회를 할
   2) 이해하기 어려울
   3) 배고플
   4) 살이 찔
   5) 요즘 세일을 할

과제 2

01.
1. 라디오 방송
2. 간호사에게 / 간호사가 이 사람에게 친절하게 잘 대해 주고 여러 가지로 많은 도움을 주고 잘 챙겨 줘서
3. ❸

과제 3

01.
1. 젊은이는 활을 쏴서 꿩을 잡아먹으려고 한 뱀을 죽이고 꿩을 구해 주었다.
2. 뱀은 젊은이에게 밤 12시가 되기 전에 종이 울리면

살려 주겠다고 했다.

3. 꿩이 은혜를 갚기 위해서 종에 머리를 박아서 종이 울리게 됐다.

〈문법 활용연습〉

제1과

1. -거든

1) ❶ 일이 끝나거든 친구 생일 선물을 사러 갑시다.
❷ 책을 다 읽거든 도서관에 반납하세요.
❸ 주스가 없거든 시원한 물이라도 주세요.
❹ 발표 준비를 혼자 하기 어렵거든 친구에게 도와 달라고 하세요.
❺ 김민수 씨가 해외 출장 중이거든 다른 직원에게 부탁합시다.

2) ❶ 음식이 싱겁거든
❷ 오늘 바쁘거든
❸ 머리가 아프거든 쉬세요.
❹ 약속한 손님이 오시거든 잠깐 기다려 달라고 하세요.
❺ 이번 주말에 날씨가 좋거든 공원에 갑시다.

2. -만 못하다

1) ❶ 하숙집이 기숙사만 못해요.
❷ 쓰기 실력이 말하기 실력만 못해요.
❸ 기말시험이 중간시험만 못해요.
❹ 백 번 듣는 것이 한 번 보는 것만 못해요.
❺ 고급 식당 음식이 어머니께서 만든 음식만 못해요.

2) ❶ 동대문 시장이 명동만 못해요.
❷ (두 번째 전시회가) 첫 번째 전시회만 못했어요.
❸ 커피가 인삼차만 못해요.
❹ 영화가 소설만 못해요.
❺ 비빔냉면이 물냉면만 못해요.

제2과

1. -고 해서

1) ❶ 날씨도 덥고 해서 집에 있었어요.
❷ 오늘 시간도 많고 해서 청소를 해요.
❸ 머리도 아프고 해서 모임에 안 갔어요.
❹ 심심하고 해서 친구에게 전화를 걸었어요.
❺ 집값도 싸고 해서 시골로 이사하려고 합니다.

2) ❶ 몸도 아프고 해서 일찍 퇴근했어요.
❷ 디자인도 예쁘고 해서 샀어요.
❸ 살 것도 있고 해서 명동에 가요.
❹ 한국 문화도 배우고 싶고 해서 그 동아리에 들어갔어요.
❺ 집에서 가깝고 해서 카페에서 공부해요.

2. -게

1) ❶ 미끄러지지 않게 조심하세요.
❷ 모두들 알 수 있게 쉽게 설명해 주세요.
❸ 감기에 걸리지 않게 옷을 따뜻하게 입어라.
❹ 책을 사게 돈 좀 주세요.
❺ 지나가게 좀 비켜 주십시오.

2) ❶ 고기를 자르게
❷ 손을 닦게
❸ 덜어 먹게
❹ 아이들이 먹을 수 있게
❺ 집에서 먹게

제3과

1. 간접화법 축약형

1) ❶ 요즘 바쁘대요
❷ 영화가 몇 시에 시작하냬요.
❸ 꿈이 가수래요.
❹ 시간이 있을 때 같이 식사하재요.
❺ 내일까지 이야기를 써 가지고 오래요.

2) ❶ 말하기, 읽기 시험을 본대요.
❷ 오전 9시에 시작한대요.
❸ 각자 시험 시간 5분 전까지 교실 앞으로 오래요.

④ 늦지 말래요.
⑤ 혹시 늦으면 선생님한테 연락해 달래요.

2. -기는요

1) ① 노래를 참 잘하시네요-잘하기는요.
② 날씨가 너무 덥지요? -덥기는요. 추운데….
③ 그 식당 음식이 너무 맛있지요? -맛있기는요.
④ 참 날씬하세요-날씬하기는요.
⑤ 글씨를 예쁘게 잘 쓰시네요-잘 쓰기는요.
⑥ 주말에 잘 쉬었지요? -잘 쉬기는요.

2) ① 어렵기는요.
② 싸기는요.
③ 잘 치기는요. 배운 지 얼마 안 됐어요.
④ 잘하기는요. 그냥 가까운 곳만 왔다갔다 해요.
⑤ 멋있기는요. 너무 나이가 들어 보였어요.

제4과

1. 피동

1) ① 창문이 열려 있어요.
② 칠판에 이름이 쓰여 있어요.
③ 아기가 엄마에게 안겨 있어요.
④ 내 방 꽃병에 꽃이 꽂혀 있어요.
⑤ 책상 위에 교과서가 놓여 있어요.

2) ① 보였다
② 쌓여
③ 걸려
④ 놓을게요
⑤ 쫓았다
⑥ 잡히지

2. -고요

1) ① 음식도 맛없고요.
② 기름도 적게 들고요.
③ 아주 넓고요.
④ 노래도 잘 부르고요.
⑤ 세일도 자주 하고요.

2) ① 네, 콧물도 나고요.
② 눈이 와요. 바람도 많이 불고요.
③ 네, 예습도 하고요.
④ 비누를 사야 해요. 휴지도 사야 하고요.
⑤ 학교에서 가까워. 음식도 맛있고.

제5과

1. -는 대신에

1) ① 고속버스를 타는 대신에 기차를 타고 갔다.
② 빵을 사 먹는 대신에 계란을 사 먹었다.
③ 한식집에 가는 대신에 일식집에 갔다.
④ 유적지에 가는 대신에 박물관에 갔다.
⑤ 호텔에서 자는 대신에 콘도에서 잤다.

2) ① 네가 저녁 준비하는 대신에
② 언니 방 청소해 주는 대신에
③ 그 친구를 소개해 주는 대신에
④ 차를 가져오는 대신에
⑤ 네가 저녁 밥값을 내는 대신에 내가 술을 살게.

2. -을 뿐만 아니라

1) ① 이 가방은 예쁠 뿐만 아니라 튼튼합니다.
② 지하철은 편리할 뿐만 아니라 깨끗합니다.
③ 우리 하숙집은 학교에서 가까울 뿐만 아니라 음식도 맛있어요.
④ 우리 반 학생들은 착할 뿐만 아니라 재미있습니다.
⑤ 그 가수는 노래도 잘 부를 뿐만 아니라 춤도 잘 춥니다.

2) ① 아름다울 뿐만 아니라 시설도 좋아요.
② 단어가 많을 뿐만 아니라 튼튼해요.
③ 네, 목소리가 멋질 뿐만 아니라 연기도 잘 해요.
④ 네, 예쁠 뿐만 아니라 친절해요.
⑤ 마음이 따뜻하실 뿐만 아니라 요리도 잘하시는 분이에요.

제6과

1. -자마자

1) ① 문을 열자마자 손님들이 들어옵니다
② 집에 들어가자마자 컴퓨터부터 켭니다.
③ 밥을 다 먹자마자 자리에서 일어났습니다.
④ 침대에 눕자마자 잠이 들었습니다.

❺ 편지를 받자마자 답장을 쓰겠습니다.

2) ❶ 받자마자 끊어졌어요.
❷ 끝나자마자 다 나갔어요.
❸ 졸업하자마자 취직할 거예요.
❹ 나오자마자 다 팔렸어요.
❺ 방학하자마자 고향에 돌아가야 돼요.

2. -느라고

1) ❶ 영화를 보느라고 숙제를 하지 못 했어요.
❷ 친구와 이야기하느라고 선생님 말씀을 못 들었어요.
❸ 요즘 아르바이트를 하느라고 피곤합니다.
❹ 발표 자료를 찾느라고 힘들었어요.
❺ 보고서를 쓰느라고 밤을 새웠습니다.

2) ❶ 샤워를 하느라고
❷ 밥을 먹느라고
❸ 친구하고 노느라고 숙제를 못 했어요.
❹ 일을 하느라고 식사도 못 했어요.
❺ 요즘 아르바이트를 하느라고 아주 힘들어요.

제7과

1. -던데요

1) ❶ 교실에 학생들이 없던데요.
❷ 그 식당의 음식이 아주 맛있던데요.
❸ 민수 씨 여자 친구가 아주 예쁘던데요.
❹ 마이클 씨가 한국 노래를 잘하던데요.
❺ 수지가 식당에서 밥을 먹던데요.

2) ❶ 아주 맛있던데요.
❷ 옷값이 아주 싸던데요.
❸ 식당에서 밥을 먹던데요.
❹ 아주 넓고 깨끗하던데요.
❺ 예쁘고 춤도 잘 추던데요.

2. -는다면서요?

1) ❶ 요즘 할 일이 많다면서요?
❷ 영주 씨가 여자 친구라면서요?
❸ 여행을 자주 간다면서요?
❹ 고기를 잘 먹는다면서요?
❺ 거래처에 서류를 보내셨다면서요?

2 ❶ 요즘 바쁘다면서요?
❷ 축구를 그렇게 잘 한다면서요?
❸ 싸웠다면서요?
❹ 생일이라면서요?
❺ 다음 주에 고향으로 돌아간다면서요?

제8과

1. 사동

1) ❶ 내가 동생을 깨웁니다.
❷ 동생이 음식을 남겼어요.
❸ 의사가 환자를 살릴 거예요.
❹ 어머니가 아기에게 우유를 먹여요.
❺ 선생님이 학생들에게 신문을 읽혀요.

2) ❶ 옷을 입혀 드릴게요.
❷ 맞춰 주세요.
❸ 아이를 재울게요.
❹ 알려 주었어요.
❺ 세탁소에 맡기세요.

2. -을까/-ㄹ까 봐

1)

늦습니다.	조용히 말했어요.
비가 옵니다.	우산을 가지고 왔어요.
길이 막힙니다.	다른 길로 돌아서 왔어요.
아기가 깹니다.	냉장고에 넣었어요.
음식이 상합니다.	택시를 타고 왔어요.
날씨가 춥습니다.	두꺼운 옷을 입고 왔어요.

❶ 비가 올까 봐 우산을 가지고 왔어요.
❷ 길이 막힐까 봐 다른 길로 돌아서 왔어요.
❸ 아기가 깰까 봐 조용히 말했어요.
❹ 음식이 상할까 봐 냉장고에 넣었어요.
❺ 날씨가 추울까 봐 두꺼운 옷을 입고 왔어요.

2) ❶ 길이 미끄러울까 봐 천천히 걸어요.
❷ 약속을 잊어버릴까 봐 수첩에 다 적어요.
❸ 바쁠까 봐 평소에 복습해요.
❹ 아이들이 만질까 봐 물건들을 모두 높은 곳에 놓았어요.

❺ 표가 다 팔릴까 봐 일찍 샀어요.

제9과

1. -게 하다

1) ❶ 선생님께서 저에게 친구 얼굴을 그리게 하셨어요.
❷ 아버지께서 동생에게 여러 가지 악기를 배우게 하셨어요.
❸ 어머니께서 식사하기 전에 꼭 손을 씻게 하셨어요.
❹ 할머니께서 밤에는 손톱을 깎지 못하게 하셨어요.
❺ 아내가 저에게 집에서 담배를 피우지 못하게 해요.

2) ❶ 마시게 하세요.
❷ 아버지께서 스트레스를 받지 않게 하세요.
❸ 무리하지 않게 하세요.
❹ 아이가 스스로 하게 하세요.
❺ 아이를 운동하게 하세요.

2. -는다는/ㄴ다는 것이

1) ❶ 동생 이름을 적는다는 것이 내 이름을 적었어요.
❷ 엘리베이터 2층을 누른다는 것이 3층을 눌렀어요.
❸ 찌개를 만든다는 것이 국을 만들었어요.
❹ 다 쓴 공책을 버린다는 것이 새 공책을 버렸어요.
❺ 신촌 방향 지하철을 탄다는 것이 강남 방향 지하철을 탔어요.

2) ❶ 6급 책을 가져온다는 것이
❷ 다음 주말로 예약한다는 것이
❸ 김치김밥을 산다는 것이 참치김밥을 샀네요.
❹ 한국 돈을 낸다는 것이 우리나라 돈을 냈어요.
❺ 어머니께 보낸다는 것이 유리 씨에게 보냈네요.

제10과

1. -어다가/아다가/여다가

1) ❶ 도자기를 만들어다가 선생님께 선물했어요.
❷ 빵을 사다가 집에서 샌드위치를 만들었어요.
❸ 은행에서 돈을 찾아다가 책을 사려고 해요.
❹ 종이 쓰레기를 모아다가 재활용품 통에 넣었어요.
❺ 한라산 사진을 찍어다가 친구들에게 보여 주고 싶어요.

2) ❶ 빌려다가 보자.
❷ 제가 할아버지께 신문을 가져다가 드릴게요.
❸ 사인을 꼭 받아다가 줄게.
❹ 약을 찾아다가 드릴게요.
❺ 이 자료를 복사해다가 드릴까요?

2. -도록

1) ❶ 제가 반 친구들에게 연락하도록 하겠습니다.
❷ 약을 먹고 푹 쉬도록 하겠습니다.
❸ 사장님을 실망시키지 않도록 하겠습니다.
❹ 친구들과 사이좋게 지내도록 하겠습니다.
❺ 수업 시간에 선생님 말씀을 잘 듣도록 하겠습니다.

2) ❶ 소금을 적게 넣도록 하겠습니다.
❷ 오늘 다 끝내도록 하겠습니다.
❸ 회의 시간에 늦지 않도록 하세요.
❹ 휴대전화를 끄도록 하세요.
❺ 담배를 끊도록 하세요.

제11과

1. -는단 말이에요?

1) ❶ 비가 그렇게 많이 온단 말이에요?
❷ 삼겹살 3인분을 먹는단 말이에요?
❸ 그렇게 사이가 좋단 말이에요?
❹ 진짜 결혼을 했단 말이에요?
❺ 진짜 외국 사람이란 말이에요?

2) ❶ 진짜 그렇게 수리비가 비싸단 말이에요?
❷ 그렇게 멀단 말이에요?
❸ 와 그렇게 부자란 말이에요?
❹ 진짜 그렇게 싸단 말이에요?
❺ 그렇게 눈이 많이 왔단 말이에요?

2. -을 만하다

1) ❶ 그 식당 음식이 먹을 만해요.
❷ 그곳의 경치가 볼 만해요.
❸ 그 전화기는 아직 쓸 만해요.
❹ 그 일은 혼자서 할 만해요.
❺ 시청까지 걸어서 갈 만해요.

2) ❶ 생선찌개가 먹을 만해요.
❷ '여왕'이라는 영화가 볼 만해요.
❸ 외국인도 읽을 만해요.
❹ 그 일을 할 만한 사람은 영수 씨예요.
❺ 아직 쓸 만한데요.

제12과

1. -는, -은/ㄴ 모양이다
1) ❶ 표정을 보니까 걱정이 있는 모양이에요.
❷ 실수를 안 하는 걸 보니까 성격이 꼼꼼한 모양이에요.
❸ 교실에 가방이 없는 걸 보니까 집에 돌아간 모양이에요.
❹ 소고기를 산 걸 보니까 불고기를 만들 모양이에요.
❺ 말하는 것을 들으니까 직업이 교수인 모양이에요.
2) ❶ 이 식당 음식이 맛있는 모양이에요.
❷ 집에 없는 모양이에요.
❸ 시험을 잘 본 모양이에요.
❹ 비가 올 모양이에요.
❺ 길이 많이 막히는 모양이에요.
2. -어 놓다
1) ❶ 해 놓았어요.
❷ 세워 놓았어요.
❸ 닫아 놓았어요.
❹ 돈을 모아 놓았어요.
❺ 걸어 놓았어요.
2) ❶ 문을 닫아 놓았어요.
❷ 교실이 어두워서 제가 불을 켜 놓았어요.
❸ 1년 계획을 쓴 종이를 붙여 놓았어요.
❹ 네, 다 해 놓았어요.
❺ 재료를 사 놓지 않았어요.

제13과

1. -는다면
1) ❶ 시간이 있다면 고향에 다녀오고 싶어요.
❷ 한국말을 잘한다면 한국 회사에 취직할 거예요.
❸ 지금이 겨울이라면 스키를 타고 싶어요.
❹ 다시 고등학생이 된다면 열심히 공부하겠어요.
❺ 다시 젊은 시절로 돌아간다면 열심히 저축을 할 거예요.
2) ❶ 만일 남자로 다시 태어난다면 축구 선수가 되고 싶어요.
❷ 고등학교 때로 돌아간다면 첫사랑을 다시 만나고 싶어요.
❸ 만일 첫사랑을 다시 만난다면 사랑한다고 고백하고 싶어요.
❹ 만일 하루만 살 수 있다면 가족들과 하루 종일 시간을 보내고 싶어요.
❺ 옛날 사람을 만날 수 있다면 세종 대왕을 한 번 만나 보고 싶어요.
2. -는답니다.
1) ❶ 제주도의 경치가 아주 아름답답니다.
❷ 전주는 비빔밥이 유명하답니다.
❸ 한국 사람들은 매운 음식을 잘 먹는답니다.
❹ 옛날에는 서울 공기가 아주 깨끗했답니다.
❺ 경복궁은 옛날에 왕이 살았던 집이랍니다
2) ❶ 공기도 좋고 사람들도 아주 친절하답니다.
❷ 월미도가 구경할 만하답니다.
❸ 불고기가 맵지 않고 먹기 좋답니다.
❹ 성철 씨가 중국어를 아주 잘한답니다.
❺ 제일 좋아하는 가수는 빅뱅이랍니다.

제14과

1. -더라
1) ❶ 응, 선생님도 오셨더라.
❷ 응, 아주 재미있더라.
❸ 아니, 취직을 안 하고 대학원에 들어갔더라.
❹ 응, 결혼했더라.
❺ 더 예뻐졌더라.
2) ❶ 응, 아주 아름답더라.
❷ 조금 전에 도서관에 가더라.

❸ 가수가 노래를 아주 잘하더라.
❹ 생각보다 힘들더라.
❺ 응, 좋은 물건이 많더라.

2. 이라든가

1) ❶ 생강차라든가 유자차
❷ 립스틱이라든가 영양 크림
❸ 인삼이라든가 꿀
❹ 자장면이라든가 짬뽕
❺ 티셔츠라든가 블라우스

2) ❶ 팥빙수라든가 아이스크림 같은 것이 많이 팔려요.
❷ 발리라든가 하와이 같은 휴양지로 많이 가요.
❸ 냉커피라든가 주스 같은 시원한 음료수를 마시고 싶어.
❹ 엿이라든가 떡 같은 것을 선물해요.
❺ 비누라든가 세제 같은 것을 가지고 가요.

제15과

1. -으려던 참이다

1) ❶ 그렇지 않아도 지금 청소하려던 참이었어요.
❷ 지금 막 나가려던 참이었어요.
❸ 그렇지 않아도 지금 전화하려던 참이었어요.
❹ 그렇지 않아도 저도 지금 점심을 먹으려던 참이었어요.
❺ 그렇지 않아도 피곤해서 저도 좀 쉬려던 참이었어요.

2) ❶ 네, 그렇지 않아도 지금 텔레비전을 끄려던
❷ 그렇지 않아도 지금 전화해 보려던
❸ 좋아요. 저도 지금 식당에 가려던 참이었어요.
❹ 지금 갖다가 드리려던 참이었어요.
❺ 좋아. 나도 지금 커피 마시러 가려던 참이었어.

2. -을 텐데

1) ❶ 거기는 추울 텐데 두꺼운 옷을 가져갑시다.
❷ 백화점은 비쌀 텐데 남대문 시장에 가는 게 어때요?
❸ 곧 공연이 시작될 텐데 빨리 안으로 들어가자.
❹ 내일 아침은 차가 밀릴 텐데 오늘 밤에 출발하는 게 어때요?
❺ 취직할 때 여러 서류가 필요할 텐데 미리미리 준비하십시오.

2) ❶ 배가 고플 텐데
❷ 피곤할 텐데
❸ 졸릴 텐데 커피를 마실래?
❹ 길이 미끄러울 텐데 밖에 나가지 마.
❺ 재미있을 텐데 같이 볼까?

부록

4. 색인

〈어휘 색인〉

ㄱ

ㄴ

ㄷ

ㅇ

〈문법 색인〉

3주완성
연세 한국어
6 부록

9 788968 500428
08710
ISBN 978-89-6850-042-8
ISBN 978-89-6850-036-7 (세트)

www.yonsei.ac.kr/press